我的人生故事

The Story of My Life

（美国）海伦·凯勒 著

朱力安 译

时代出版传媒股份有限公司

安徽文艺出版社

图书在版编目（CIP）数据

我的人生故事/（美）海伦·凯勒著；朱力安译.—合肥：安徽
文艺出版社，2012.10
（理想图文藏书·心灵名著）
ISBN 978-7-5396-4118-8

Ⅰ．①我… Ⅱ．①海… ②朱… Ⅲ．①凯勒，H.（1880～
1968）—自传— Ⅳ．①K837.127=533

中国版本图书馆CIP数据核字（2012）第209769号

出 版 人：朱寒冬
丛书统筹：岑 杰　　　　　　　策　　划：千喜鹤文化
责任编辑：岑 杰　　　　　　　特约编辑：张秀琴
图片解说：大雅堂　　　　　　　装帧设计：视觉共振工作室

出版发行：时代出版传媒股份有限公司　www.press-mart.com
　　　　　安徽文艺出版社　www.awpub.com
地　　址：合肥市翡翠路1118号　邮政编码：230071
营 销 部：（0551）3533889
印　　制：天津海德伟业印务有限公司　电话：022-29937888

开本：889×1194　1/32　印张：7　字数：170千字
版次：2013年1月第1版　2021年5月第2次印刷
定价：29.00元

代序　别无选择的选择，乃绝对的选择

序之于一本书犹如帽子之于人，原本是可有可无的。无之一身轻松；若有，就成了出门前拾掇的最后一件，亮相时的第一印象，令人不免搔首踟蹰。约犬子力安翻译本书时，雅平兄附加了两条动议：太太画像我作序。一番美意，我们满口应下。马莉之画先成，安安译作后就，我今临文命笔，方觉这活儿考人。

《我的人生故事》作者名气太大，海伦·凯勒的一生是一部传奇。

谈论海伦·凯勒其人，易使人汗颜和饶舌。

马克·吐温说："19世纪有两个奇人，一个是拿破仑，另一个就是海伦·凯勒。"拈出这一"奇"字一箭双雕，举重若轻。然而海伦何德何能，堪与拿破仑相比并？拿破仑是世界的征服者，而海伦乃是自我的征服者。立足今时今世，我以为海伦最富启示意义的价值，就在这里。

拿破仑的文治武功好生了得！但时过境迁，征服世界的游戏如今人们已经不玩或曰玩不下去了（特别是进入21世纪，专制独裁的

"土围子"被一个个打掉，萨达姆、卡扎菲等枭雄垮台超快，悲剧谢幕）；而人类应该如何突破自我，最大限度地践行人的自由和创造，仍是每一个人迫在眉睫的问题。

说"突破自我"也许失之抽象。就在昨天，我又读到大学生"坠楼"的消息，遂想起2010年富士康自杀事件：年轻的打工仔跳楼不止，"似乎已经成了一种潮流"。在全社会严重关注的情形下，……第十四跳、第十五跳，悲剧还在上演。在第十跳和十一跳之间，相隔仅仅一天。而第一个跳楼的男孩，据说起因于被认为偷窃机密。人们扼腕叹息："怎么就这么想不开，一点小事就去跳楼，人生哪有什么过不了的坎！"这样的议论让我深思，何谓"想不开"？在"自我"困境中泥足深陷也。

读罢海伦自传，油然而生的感慨是：再难能难得过海伦吗？再牛能牛得过海伦吗？她一岁半时，一场猩红热使她失明复失聪，进而失语。除了触觉与嗅觉，上帝关闭了她身上所有与世沟通的信道——被打回幽冥的母腹。她就是这样一个难以"生长"的人。这就说到了海伦的"奇"。她"奇"在哪？"奇"就"奇"在——享寿88岁，著书14部，本书译有100多个语种，在世界各地畅销不衰，是公认的励志经典、世界文学名著。她掌握五国外语，精于唇读，是杰出的演讲家、盲人教育家和社会活动家。她这一切，在一个健全的人已难企及，而海伦是又聋又瞎的残疾人，终生未摆脱黑暗的禁锢。她怎么能够做到这一切呢？

在我如此赞叹时，力安沉声对我说："老爸你知不知道，海伦其实很苦。"我心为之一抽。

这我当然知道。海伦苦，太苦了。置之死地而后生，她的成功是意志的凯旋。而本质上，她的一切努力，也许可以理解为战胜孤独。

这很有点像茨威格笔下的B博士：遭法西斯暗算被囚在大旅馆一个徒有四壁的单间里，无比的空虚孤寂中，他靠偷来的一本棋谱填充凝聚身心，其结果是，培养了自己卓异的象棋才能。二战结束后，在一艘远洋客轮上，与世界冠军对弈，他以一记绝杀震惊四座。所不同的是，长期的自我对弈使B博士精神分裂乃至疯狂，而海伦却采摘到了伊甸园的圣果。

这自然是因为海伦选择了她的精神圣土：文学。

正如她自己所言："文学是我的'乌托邦'，在这个领域，我不会被剥夺任何权利，也不存在任何阻断我同'书籍朋友们'亲密接触的屏障。"

别无选择的选择，乃绝对的选择，而绝对的选择，锁定了绝对的高度。

是为序。

子庆

2012年1月1日

于广州隆德公寓

目录

海伦·凯勒

我的人生故事

(美国) 海伦·凯勒　著

第一章

提笔书写我的人生往事，我心忐忑不安。童年如同笼罩在一层金色迷雾之中，如今当我要揭开这层神秘面纱时，似乎有一种迷漠的踌躇。把前尘往事诉诸笔墨本非易事，我试图厘清自记事以来的印象，方觉过往种种亦真亦幻，无从分辨，或许女人都爱凭幻想来描绘自己的童年经历吧。少数早年记忆依然鲜活，跃然纸上；而其余则"笼罩在牢笼般的阴影之下"。而且，儿时的苦乐仿佛随着岁月流逝而失去了旧日锋芒，启蒙时期的那些重大事件也在发现的喜悦中湮没遗忘。因此，为了避免单调乏味，我只把对我而言最有趣或最重要的记忆片段简笔描摹，呈现在大家面前。

我于1880年6月27日出生在亚拉巴马州北部的一个叫塔斯坎比亚的小镇。

我的父系是自先祖卡斯帕·凯勒（Caspar Keller）开枝散叶，繁衍下来的。他本是瑞士人，后来在美国的马里兰州定居下来。无巧不成书，我的一位瑞士祖先竟是苏黎世的第一位聋哑教育者[1]，而且还写过一本关于聋哑人教育的书。虽说国王祖上必定有过奴隶，奴隶祖上也必定出过国王，但这事也委实离奇。

---

[1] 海因里希·凯勒（Heinrich Keller）1777年于瑞士创立第一所聋哑学校。本书注解均为译者所作。

穿学士服的海伦·凯勒

我的祖父，卡斯帕·凯勒之子，在阿拉巴马州置备了大笔田产，最后定居此地。我听大人们说，他每年都要骑马从塔斯坎比亚到费城去为种植园购置物品，姨妈现在还保留着许多与祖父家的往来信件，信中绘声绘色地描述了祖父的一次次旅行。

我的祖母凯勒是拉斐特将军（Lafayette）手下的副官亚历山大·摩尔的女儿，即殖民时期弗吉尼亚州州长亚历山大·斯伯茨伍德（Alexander Spotswood）的孙女。祖母与罗伯特·爱·李（Robert E. Lee）[1]还是二代表亲。

我的父亲亚瑟·凯勒是南部邦联军的上尉，母亲凯特·亚当斯是他的第二任妻子，两人年纪悬殊。母亲的祖父本杰明·亚当斯娶了苏珊娜·爱·古德修之后，在马萨诸塞州的纽伯里住了好些年。他们的儿子查尔斯·亚当斯出生在马萨诸塞州的纽伯里港，后来移居阿肯色州的海伦娜。内战爆发后，他代表南军参战，官至准将。他后来与露茜·海伦·埃弗里特（Lucy Helena Everett）结为夫妻。露茜与爱德华·埃弗里特和爱德华·埃弗里特·黑尔博士属同宗。内战结束后，他们举家搬到了田纳西州的孟菲斯。

直到病魔夺去我视力与听觉之前，我都住在一所小房子里，房子由一个方形大房间和一个小的用人房构成。南方人习惯在宅地旁加盖一座附属的小房子以备不时之需。内战结束后，父亲就建起了这样一所小房子，与母亲结婚后，他们就住在这所房子里。房子外面爬满了葡萄藤、蔷薇和金银花。从花园望去，小屋

---

1 罗伯特·爱·李（Robert E. Lee，1807–1870）：美国内战时期南军的军事领袖。

就像一个花架一样。小门廊也为黄玫瑰和南方茯苓花交织成的屏障所遮蔽。这里是蜂鸟和蜜蜂最常出没的地方。

凯勒家的大宅——家人的住处，距我们的"玫瑰凉棚"只有几步之遥。这里被戏称为"常春园"，因为从房子到周围的树木以及篱笆，都被美丽的英国常春藤包裹得严严实实的。这老式的花园是我孩提时代的天堂。

早在我的老师出现以前，我就已习惯于沿着方形的黄杨木树篱摸索前行，凭着嗅觉找到乍放的紫罗兰和百合花。有时，在一阵情绪的宣泄后，我也会到这里来寻求慰藉，把自己滚烫的脸埋进清凉的草叶之间。沉浸在花丛之中，欢快地东走西顾，是怎样的一种乐趣啊。流连忘返之际，有时会突然碰到一株美丽的藤蔓，我通过它的叶子和花蕾来加以辨认，得知这就是那种布满花园的另一头的花架、把它压得摇摇欲坠的葡萄藤！这里还有蔓生的铁线莲，倒垂的茉莉，以及芳香馥郁的蝴蝶百合（即姜花）——因其娇弱的花瓣像极蝴蝶的翅膀而得其名。而最可爱的，要数蔷薇。从不曾见北方温室里的玫瑰像我南部家中的攀缘蔷薇那么赏心悦目的。它们从门廊的檐上垂挂下来，芳香四溢，丝毫不沾染泥土的气息。每天清晨，经过晨露的沐浴，蔷薇出落得更细腻娇柔，不染纤尘，让我不禁浮想联翩，上帝花园里的常春花或许也不过如此吧？

我的人生的开端朴素而单纯，与其他小生命别无二致。"我来，我见，我征服"[1]，我就像所有家庭里的头一个孩子那

1　凯撒名句，"Veni, vidi, vici"（拉丁文），即英语的"I come, I see, I conquer"。

样备受宠爱，无比骄纵。为了给我定下名字，家人照例是反复讨论，因为是家里的头一个孩子，取名自然草率不得，人人都郑重其事。父亲提议为我取名为米尔德莱德·坎贝尔（Mildred Campbell），这是父亲极为崇敬的一位祖先的名字。之后他就没再参与进一步商榷。母亲最后按照她的意思一锤定音，让我沿用外祖母婚前的名字海伦·埃弗里特。可是，抱我去教堂受洗的路上，父亲兴奋得昏了头，竟把起好的名字给忘了，这也难怪，毕竟让我叫这个名字有违父亲本意。当牧师问他的时候，他才猛然记起大家决定让我依外祖母的名字，情急之下竟说成了外祖母婚后的名字：海伦·亚当斯。

从家人口中得知，还在襁褓之中的我就已经显露出了热切而倔犟的个性。每看到别人做什么事，我非要模仿一下不可。六个月大的时候，我就能奶声奶气地发出"你——好"。有一次我清晰地发出了"茶，茶，茶"，让家里所有人都惊奇不已。即便是在生病之后，我仍记得在我生命最初几个月里学到的一个单词，那就是"水"。纵然其他单词都已全然忘却，我还常常试图去发"water"（水）这个音。直到学会拼读以后我才不再"wah-wah"地叫个不停。

家人还告诉我，刚满周岁我就能蹒跚学步了。那天，母亲刚把我从澡盆里抱出来放在她膝上，我就突然被光滑地板上舞动着的、忽明忽暗的摇曳树影吸引住了，从母亲的膝上溜下来，几乎是跑着过去追逐地上的光影。没跑几步我就跌倒在地，哭叫着扑进母亲的怀里。

欢乐的时光没有驻留多久。春天里莺歌燕舞、虫鸟啁啾；夏

海伦与向日葵

日里硕果累累，蔷薇满架；秋季里满地金黄，树叶绯红——三个季节就这样匆匆而逝，在一个如饥似渴、欢欣雀跃的孩童脚旁留下了季节的馈赠。之后，在一个阴沉萧索的二月，病魔袭来，封闭了我的眼睛和耳朵，让我再次陷入初生孩童的蒙昧。他们称之为急性胃充血和脑充血。医生认为我将不久于人世。然而某天清早，突如其来的高烧又突如其去。整个早上，家人欢欣鼓舞。然而，连医生都始料未及的是，我再也看不见，听不着了。

时至今日，关于那场疾病的一些模糊的记忆仍残存脑中。让我记忆犹新的是母亲的温柔，我因焦躁和痛楚而一连数小时的号啕大哭，是母亲一直在温柔地抚慰我；翻来覆去难以入梦，因剧痛和惶惑而惊醒，是母亲一直在温柔地抚慰我。我的双眼是如此干涩而灼热，以至于我只好躲避平素最爱的阳光，把目光转向墙壁，然而我眼中的光却是日渐暗淡了。除了这些短暂的记忆之外——如果这确实是记忆的话——一切都未免太不真实了，仿佛一场噩梦。渐渐地，我习惯了被寂静和黑暗包围，忘却了曾经的世界是那样的不同。直到她的出现——我的老师——她释放了我禁锢的灵魂。但我生命的最初十九个月里，我曾瞥见的广袤的绿色田野、流明的天际、绿树与鲜花，这些是继之而来的黑暗所无法抹杀的。只要我们曾经拥有光明，"白昼和白昼中的一切都属于我们。"[1]

1　出自理查德·沃森·吉尔德的诗歌《爱与死》（ "Love and Death" by Richard Watson Gilder ）。

第二章

病后头几个月里发生的事，我已记不清了。我只知道母亲做家务的时候，我要么坐在她的腿上，要么紧紧揪着她的衣角在她身边跟前跟后。我用手来感知每一样物件、感受每一种动作，以这种方式了解了许多事情。不久，我就感到同他人的交流的必要，开始做一些简单的手势，摇头示意"不要"，点头表示"好的"，拉一下表示"来"，推一下表示"去"。要是想吃面包呢？那我就会模仿切片和抹黄油的动作。假如想让母亲在晚餐时给我做雪糕吃，我就会装作拉开冰箱门冷得瑟瑟发抖的样子。此外，母亲也想方设法让我领会了很多事情。每次她想让我帮她去取什么东西，我总能心领神会，然后飞奔上楼或跑到她示意我的地方去拿。诚然如是，在我的无尽的黑夜里，我所感受到的所有光明和善意都来自母亲那种因爱而生的智慧。

身边发生的事情，我已经有了相当的了解。5岁的时候，我就学着把刚从洗衣房送来的干净衣物叠起收好，我还能从中辨识出自己的衣服。通过母亲和姨妈的穿着，我能得知她们要外出，这时候我总无一例外地软磨硬泡让她们把我带上。凡有聚会家人都会把我叫上，当客人们要走的时候，我会朝他们挥手道别，想必当时还依稀记得挥手的含义。有一次，几位先生来家里拜访母亲，我察觉到大门关闭时的震动和其他一些声响，知道客人已经到了，我灵光一闪，别人还没来得及拦住我，我就已经飞奔到了楼上，换上了我以为恰当的聚会着装。站在梳妆镜前——以前曾见过家人这般，我就依样画葫芦——往头发上涂了油，往脸上搽脂抹粉，然后把面纱披在头上，层层褶皱的面纱遮住我的脸，一直垂到我的肩。我还在我小小的腰身上支了一个大大的裙撑，裙撑在腰后晃晃悠悠的，几乎垂到了裙边。我就这样盛装打扮着下楼招待客人。

我已经记不清楚何时开始意识到自己与别人不同了。但我知道在老师到来前，我已经有所意识。我注意到母亲和我的朋友们如果想要表达意思，并不会像我这样用手比画，而是用嘴来交谈。有时候，我会站在两个谈话者之间，用手去触摸他们的嘴唇。但我无法理解他们的意思，为此懊恼不已。我也试着活动嘴唇，胡乱比画一气，却全是徒劳。有时我因此气恼，以至于又踢又喊，直到筋疲力尽。

我想，当我乖戾顽皮、无理取闹的时候，自己心里是明白的。因为我知道我踢了保姆埃拉之后，她一定疼痛不已；暴怒过后，我也常常有几分悔意。但我却从未因这种歉疚而有所收敛。

在那段岁月里，我有两个形影不离的伙伴，一个是厨师的女儿，黑人小姑娘玛莎·华盛顿，另一个则是一头蹲伏猎狗[1]，名叫贝拉，她当年可是一只神勇的猎犬。玛莎·华盛顿明白我的手势，所以我能轻易地对她指手画脚，没有什么障碍。我十分得

1　Setter: 蹲伏猎狗（毛长，经训练嗅到猎物蹲伏不动以助猎）。

意于在玛莎面前作威作福，因为她总是乖乖任我摆布，不敢跟我正面冲突。那时候我长得壮实、精力旺盛，而且做事鲁莽不计后果。我很清楚自己想要什么，而且往往一意孤行，甚至不惜拼个鱼死网破。我们俩在厨房里度过了大段时光，一起揉面团儿，帮忙做雪糕，研磨咖啡豆，有时竟为一个放蛋糕的盘子争执不休，我们还一起给聚集在厨房台阶上的母鸡和火鸡喂食。这些家禽中有好些已经非常驯服，它们会从我的手里直接取食，也乖乖地任我抚摸。有一天，一只硕大的雄火鸡从我手里抢走了一个番茄，然后跑得无影无踪。或许是受到了"火鸡先生"成功案例的启发，我们成功劫走了厨师刚刚撒上糖霜的蛋糕，藏到柴堆里大快朵颐，吃得一干二净。没想到吃完却大病一场，不知道那只火鸡有没有遭到同样报应。

珍珠鸡喜欢把巢筑在偏僻角落里，而我最大的乐趣莫过于在草丛深处寻觅珍珠鸡下的蛋。我想出发寻蛋的时候，虽然无法直接跟玛莎说，但我会把双手拢起来，然后手放在地上，示意草丛里有某种圆圆的东西，玛莎总能立刻领会我的意图。果真运气好能找到鸡窝的话，我也从不答应让玛莎把鸡蛋捧回家，我会用强烈的手势让她明白，一旦她跌倒，鸡蛋可就遭殃了。

像存放粮食的谷仓，豢养马匹的马厩，还有早晚挤奶的奶牛场，都是我和玛莎无穷乐趣的来源。挤奶工给牛挤奶的时候允许我把手放在奶牛身上，而我也常因为好奇心而饱受牛尾鞭打。

筹备圣诞节一直是我的赏心乐事。当然了，我当时并不明白圣诞节是怎么回事，不过弥漫在房子里的美妙气息和大人们用来堵住我和玛莎嘴的各式珍馐，总让我乐在其中。我们俩老是显

海伦·凯勒与老师安妮·苏立文

得碍手碍脚，但这丝毫不影响我们欢喜雀跃。大人们允许我们帮忙研磨香料、挑选葡萄干，还会让我们来舔搅拌食物用过后的勺子。我也学其他人那样挂一条长袜子，倒是对这种仪式并不特别感冒，更没那好奇心天亮之前就爬起来袜中寻宝。

玛莎·华盛顿和我一样喜欢恶作剧。记得那年一个酷热7月的午后，两个小孩儿并排坐在门廊台阶上，一个肤色黝黑，色如黑炭，打着小卷儿的头发用鞋带束着，一撮一撮竖起，就像满头的螺丝锥；另一个则肤色白皙，有着一头长长的金色卷发。其中一个孩子有6岁大，另一个则稍长两三岁。年纪较幼的是个盲童，那就是我；而另一个就是玛莎·华盛顿了。当时我们俩正埋头剪纸娃娃，可是没过多久就觉兴味索然，于是，我们转而剪自己的鞋带，然后又把所有能够得着的金银花叶子都给剪了下来。之后，我开始打玛莎那一头螺丝锥的主意。起初她还反抗一下，但最终还是乖乖就范了。想着轮流互剪才公平，于是玛莎抓过剪刀也剪掉了我的一束卷发。要不是母亲及时干预，估计我的一头秀发就一根不剩了。

我的另一个玩伴是家里的老狗贝拉，它终日懒洋洋的，宁可在壁炉旁睡大觉也不乐意跟我追逐嬉戏。我煞费苦心想教它看懂我的"手语"，但是它总反应迟钝，心不在焉。它有时候忽然跳起，兴奋得浑身颤抖，紧接着又僵立不动。我当时并不知道这是猎犬锁定鸟雀后的蹲伏助猎，我只道它不听我话。这让我十分恼火，所以"手语"课总是以对贝拉一顿拳打脚踢来收场。贝拉通常爬起来，没精打采地伸个懒腰，轻蔑地吸一吸鼻子，然后跑到壁炉的另一边就地一躺。而我自讨没趣，只好跑出去找玛莎玩儿了。

许多童年往事都深深印在我的记忆中，虽然是割裂的片段，

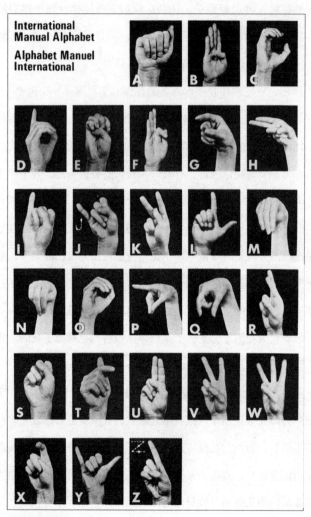

国际手语字母表

却都宛在眼前，清晰可见。正是这些事件，使我对那段寂静无声、漫无目的、不辨昼夜的岁月有了更深切的感知。

记得有一次不小心把水洒到了围裙上，我把围裙展开，凑到客厅壁橱边泼旺的炉火前烘烤。围裙干得太慢，我焦躁不已，于是越靠越近，伸手一抖围裙，却恰恰将其抛到了滚烫的炉灰上。火苗立刻蹿了起来，顷刻间我被火焰团团围住，身上衣服全起火了。我大声惊叫，老保姆维妮赶忙冲过来抢救。她用一条毯子把我裹住，我险些窒息，不过总算是把火给扑灭了。所幸的是除双手和头发外，我并未严重烧伤。

大约就在这个时期，我发现了钥匙的妙用。有天早上，我把母亲锁在了食品储藏间里，因为当时仆人们都没在屋子里，母亲被锁了足有三个小时。她在里面不停地拍门，而我则坐在门廊台阶上，感受着地上的丝丝震颤，得意地坏笑。这次极其严重的恶作剧让父母下定决心，要尽快请人来管教管教我了。老师苏立文女士来了以后，我还是很快就伺机把她反锁在了她房间里。当时母亲让我上楼去给苏立文老师送一样东西，可是我一把东西交到她手上就转身砰地把门一关，反锁上，还把钥匙藏在了客厅的衣橱底下。无论如何威逼利诱，我都不肯吐露钥匙的所在。最后父亲只得搬了一把梯子，把苏立文老师从窗户里接了出来，这让我又窃喜了一阵。几个月之后我才把钥匙了交出来。

5岁左右的时候，我们从那间爬满藤蔓的老屋搬到了一座新盖的大宅里。当时一家人包括父母和两个异母长兄和我，后来还添了一个妹妹——米尔德莱德。对于父亲，我还记得清的最早回忆，就是我穿过层层叠叠的报纸堆到他身旁，发现他独自默坐，

青年教师安妮·曼斯菲尔德·苏立文

一张大大的纸举在面前。我当时困惑不已，不知道他在做什么。我还模仿他的动作，甚至戴上了他的眼镜，以为这样我就能解开这个谜团。若干年过去，我都没能洞悉其中奥秘。后来才知道那些原来是报纸，而父亲还做过其中一份报纸的编辑。

父亲慈爱而宽容，十分顾家。除了狩猎季节以外，他极少跟我们分开。据说他是一个出色的猎人，一个神枪手。除家人外，他最爱的要数他的猎犬和猎枪。他极其好客，简直好客成癖，很少见他回家而不带客人的。他尤其引以为豪的就是他打理的大园子，据说，他种出来的西瓜和草莓在郡里数一数二，而他总是把最先成熟的葡萄和最上好的草莓带回来给我。我还记得他牵着我在果树间漫步、藤萝之间穿行时温柔的爱抚，为了哄我开心，他什么都乐意去做。

父亲是个故事高手。自我掌握语言以后，他就常常笨拙地在我掌上拼写字词，借以跟我讲述他满肚子的奇闻逸事。最让他开心的，莫过于在适当的时机让我来复述他讲过的故事。

当我在北方享受着1896年夏日最后的良辰美景时，突然传来了父亲的噩耗。他得了一种急症，有过一段时间的剧痛后，父亲就撒手人寰了。这是我人生中的第一次创痛，也是我第一次亲身面对死亡。

我又该如何记述我的母亲呢？对我来说，她是那么的亲近，仿佛谈论她都是一种不敬。

有很长一段时间，我把妹妹视作一个入侵者，她闯入了我的生活。我知道自己已不再是母亲唯一的宝贝，这种想法使我妒火中烧。她总坐在母亲的膝上，坐在我以前常坐的那个地方，仿佛占据了母亲所有的时间和关爱。有一次发生了一件事，对我来说是雪上加霜。

那时我有一个洋娃娃，我无比宠爱而又对其肆意凌虐，后来给她取名为南希。唉，其实她只是我狂喜与骤怒间无助的牺牲品，已几经残损。我也有会说话、会哭、会眨眼睛的洋娃娃，但我对她们的爱从来不及我对那可怜的南希那样深。南希有一个摇篮，我常常摇着她，一摇就是一个多小时。我小心翼翼地守护着我的洋娃娃和摇篮，但是有一天，我发现妹妹竟然在摇篮里安睡。对于她——一个当时我还没有与之建立亲情纽带的人——的这种放肆举动，我怒不可遏。我冲过去将摇篮一把推翻，要不是母亲及时冲过来把妹妹接住，说不定她现在已经摔死了。由此看来，一个在双重孤寂¹的幽谷中独行的人，难以体会到关爱的言行与温情陪伴背后的爱怜。但是后来，当我的人类本性得以恢复后，米尔德莱德和我开始走进彼此的心灵，成为交心的姊妹。虽然她看不懂我比画的手语，而我也听不见她童稚的呀呀自语，但我们手拉着手，信马由缰，四处漫步，彼此乐在其中。

1　"Twofold solitude"，文中指凯勒既不能视又不能听的双重孤寂。

第三章

伴随着成长，我的表达欲越发强烈，而那几个常用的手势也显得越发不够用了。每每遭逢无法表情达意的挫折后，我只能恣意发泄加以排遣。我仿佛被无形的手拉扯着，拼命地反抗试图挣脱。纵然无济于事，我仍苦苦挣扎，只因内心反抗的意志异常强烈，以至于常常泪流满面，精疲力竭，近乎崩溃。如果这时母亲恰在身旁，我就会一头扑到她怀里，伤心欲绝，哭得忘乎所以。没过多久，这种打开沟通渠道的需求就变得越发迫切，每时每刻我都处在情绪爆发的边缘。

父母忧心忡忡却不知所措。我们住的地方离任何一所盲人学校或聋哑学校都很远，而且似乎也不会有人愿意到塔斯坎比亚这种穷乡僻壤来教一个又聋又瞎的小孩。其实，亲戚朋友们曾一度怀疑以我的状况是否还有接受教育的可能。母亲的唯一一线希望来自狄更斯的《美国札记》[1]，她曾读到过狄更斯关于劳拉·布里奇曼（Laura Bridgman）的记述，隐约记得那个女子也是又聋又瞎，却依然完成了教育。不过母亲并没忘记盲聋人教育法的发明者豪尔博士（Dr. Howe）已经辞世多年，她因此近乎幻灭，心痛不已。

1　Dickens' American Notes，《美国札记》，又译《美国纪行》，狄更斯记录了自己在美国的见闻。

豪尔博士的教育法或许已经随他而去了，即便仍流传于世，其恩泽又怎么可能惠及一个远在阿拉巴马偏远小镇的女孩呢？

我大概6岁的时候，父亲听说巴尔的摩有一位著名的眼科医生，曾医治好过许多近乎无望的病患。父母当即决定带我前往巴尔的摩，看看我的眼睛是否还有救治的可能。

那是一次愉快的旅行，我至今仍记忆犹新。我与火车上的许多乘客都结为了朋友。有位女士送了我一盒贝壳。父亲给这些贝壳穿了孔，我便用线把它们串了起来。很长一段时间里，我都沉浸在贝壳给我带来的快乐与满足之中。列车员也十分友善，他巡车的时候我常常搂着他的衣摆，跟着他查票或检票打孔。他还允许我把玩他的打孔器——实在是一个很有意思的玩意儿。我就这么缩在座位一角，拿着打孔器在成把的卡纸上打孔，一玩数小时，自得其乐。

姑妈用毛巾给我做了一个大洋娃娃。这个临时拼凑成的娃娃只怕是世上最滑稽的玩偶了，形状模棱两可，没有眼耳口鼻——即便是孩童最天马行空的想象只怕都难以描绘出它的脸庞。奇怪的是，其他所有缺陷加起来，都比不上眼睛的缺失那么让我耿耿于怀。我执意向每个人指出这一点，不肯善罢甘休，但却没人能完成给布偶开窍的重任。我突然灵机一动，难题得到了解决。我翻身到座位底下，一直摸索，直到摸到姑妈那件缀着大珠子的披肩。我从上面扯下两颗珠子，示意姑妈缝到娃娃脸上。姑妈试探地拉着我的手去摸她的眼睛来确定我的意图，我一个劲地点头。珠子终于缝到了恰当的位置，我兴奋难抑，但旋即又对布偶失去了兴趣。整段旅途中，我都没有情绪发作，因为有太多东西吸引我的

劳拉·布里奇曼

注意，一刻都没有闲下来。

我们到达巴尔的摩后，切斯霍姆医生（Dr. Chisholm）热情地接待了我们，但对我的双眼，他却无能为力。不过他认为我是可以接受教育的，他建议父亲咨询华盛顿的亚历山大·格雷厄姆·贝尔博士（Dr. Alexander Graham Bell），贝尔博士可以提供关于聋哑或失明儿童教育的学校和教师的信息。依照医嘱，我们立刻启程前往华盛顿拜访贝尔博士，父亲一路上愁肠百结，思虑万千；我却对此全然不知，只觉旅途奔波其乐无穷。虽然还只是个孩子，我却立刻感受到了贝尔博士的慈爱与同情，正是这份慈爱与同情使他深入人心，就像他的卓越成就使他备受赞誉一样。我好奇地摆弄着他的表，他将我一把抱到膝上，还让表为我报时。他能看懂我的手势，我一察觉到这一点就立刻喜欢上他了。然而，我做梦都不曾想到的是，这次会面竟为我的生命开启了一扇门，一扇让我从黑暗走向光明的门，让我走出孤寂、拥抱友谊、伴侣、知识与爱的门。

贝尔博士建议父亲给波士顿帕金斯学院（Perkins Institute）的院长阿纳诺斯先生（Mr. Anagnos）写信，看看是否有能够为我启蒙的合适教师人选。帕金斯学院就是豪尔博士当年给盲人授课的地方。父亲立即修书一封，没过几周就收到了阿纳诺斯先生的热情回复，他的承诺让我们倍感宽慰：已有合适教师人选。当时正是1886年夏，不过苏立文老师是次年3月才到的我们家。

就这样，我像走出埃及、仰望西奈山的摩西一样，感到一股神圣的力量触动了我的灵魂，让我的灵魂得见光明，让我见证了无数奇迹。我似乎听到了那个来自圣山的声音："知识是爱，是光，是洞见。"

亚历山大·格雷厄姆·贝尔博士（电话的发明者）

第四章

　　我一生中最刻骨铭心的日子，就是我的老师安妮·曼斯菲尔德·苏立文（Anne Mansfield Sullivan）到来的这一天。一想到这一天衔接起了两段迥然不同的生命，我就感慨万千。那天是1887年3月3日，我离7岁还差三个月。

　　那个不同寻常的下午，我站在门廊边，一声不响却暗自期待。从母亲的手势和家人在房里来来回回忙前忙后的动静里，我隐约猜到会有什么不同寻常的事情要发生，于是便走到门口，在台阶上等待着。午后的阳光穿过门廊上茂密的金银花，洒在我轻轻仰起的脸上。我的手指不自觉地在这些熟悉的花与叶之间游移，嫩叶与花蕾才刚刚探出头来向南部明媚的春天致意。未来已为我预备了怎样的奇迹与惊喜，我还并不知晓。几周以来，我一直深受懊恼与苦闷的烦扰，一番苦苦挣扎后，徒留消沉而已。

　　你可曾在迷雾重重的海面航行？仿佛自己被触手可及的茫茫白雾吞没，不见天日，脚下的大船只能依靠测深锤或测深线摸索着，在紧张与焦灼中驶向岸边，你的心怦怦直跳，等着有事发生，这种感觉你可曾有过？接受教育之前的我就像那艘雾中迷航的船，只是我既没有指南针，也没有测深线，无从知晓海港的远近。"光明！给我光明！"是我灵魂深处无言的呐喊，就在那个

海伦与苏立文老师

时刻，爱的光芒照耀在了我的身上。

我感觉到有脚步离我越来越近，我伸出手来，以为是母亲。她拉住了我的手，继而将我紧紧拥在怀里，就是她向我展现了世间万物。她是来给我启蒙的，更是来爱我的。

次日早晨，她把我带到她的房间，送了我一个洋娃娃。这个娃娃是帕金斯学院的盲人小朋友们赠送的，劳拉·布里奇曼还亲自给娃娃缝制了衣服，不过这些都是我后来才知道的。我跟娃娃玩了一会儿后，苏立文老师在我的手上缓缓拼出"d-o-l-l"（洋娃娃）这个单词。我立刻对这种手指游戏大感兴趣，并学了起来。终于把字母拼对后，我兴奋得小脸红扑扑的，洋溢着稚气的满足与自豪。我跑下楼去找到母亲，在她面前举起手，把这几个字母拼写给她看。当时我并不知道这就是在写字，甚至不知道世上还有单词一说。我只是用手指依样画葫芦，模仿老师的动作而已。此后数日，我就这样糊里糊涂地学会了好些单词的拼写，比如"pin"（别针）、"hat"（帽子）、"cup"（杯子）等几个名词，还有"sit"（坐）、"stand"（站）、"walk"（走）等几个动词。不过，我是跟老师一起好几周后，才知道万事万物皆有名字。

有一天，我正和我的新娃娃玩儿，苏立文老师把我原来那个碎布娃娃也放到了我膝上，然后在我手上拼写了一次"洋娃娃"，试图让我理解"洋娃娃"这个词对两个布偶同样适用。早些时候，我跟苏立文老师还就"mug"（水杯）和"water"（水）这两个单词起了争执。她试图让我分清"杯是杯，水是水"，可我却一直将两者混为一谈。苏立文老师无计可施，只好把问题暂时搁置，不过很快又开始旧话重提。她翻来覆去地重复让我不胜厌烦，我抓起新娃娃往地上狠狠一摔，感到娃娃在我脚边粉身碎骨，心里十分快意。情绪爆发过后，我既不悲伤，也不懊悔，因为我从来就没有爱过那个娃娃。我生活在寂静而黑暗的世界里，从没有爱怜，也不知温柔。我感觉到老师把娃娃的碎片扫到了壁炉的一边，心里还有一丝得意，想着终于可以不必纠缠于那件让我不高兴的事儿了。苏立文老师给我递过帽子，我知道我们要外出沐浴温暖的阳光了。这种想法——如果一种无以言表的感觉也能算做想法的话——让我欢欣雀跃。

我们沿着小路散步到井房，房子爬满了金银花，香气袭人。有人正在汲水，老师把我的手放在出水口下方，一股清冽的水流淌过我手，此时她在我的另一只手上拼写出了"水"这个单词，起初动作轻缓，而后却写得飞快。我一下怔住了，全部注意力都集中在她手指的动作上了。突然间，我仿佛朦胧地意识到自己遗忘了什么，而此刻这些尘封的记忆又被再度唤醒。我感到一阵激动的战栗，语言的奥秘就此展现在我的面前。我明白了"水"指的就是那在我手上流过的奇妙而清凉的物质。这个富有生命力的语词唤醒了我的灵魂，它给我的灵魂注入了光明、希望和欢乐，它放飞了我的灵魂！虽然眼下仍有重重障碍，但这些障碍很快就会被一扫而空。

从井房回来，我更加求学心切了。万事万物皆有名字，而每一个名字又会催生新的思想。当我们回到房里的时候，触手所及的一切物品仿佛都在微微颤动，散发着勃勃生机，因为此时我是以一种陌生的、全新的视角来看待身边的一切。一进门我就想起我刚刚摔碎的娃娃。我试图把残片拼起来，但却是徒劳。我意识到了自己的所作所为，因此眼里噙满泪水，我有生以来第一次感受到了悔恨与悲伤。

那天，我学了许多新单词。我已经记不起具体有哪些了，但确切记得其中有"母亲"、"父亲"、"姐妹"和"老师"，正是这些单词让世界对我如鲜花般绽放。"就像亚伦的杖一样开了花。"当这非同凡响的一天就要结束，而我正躺在小床上回味白天的喜悦时，我想恐怕世上再难找到比我更快乐的孩子了。我生平第一次迫不及待地盼望新一天的来临。

第五章

我可以记起1887年自我的灵魂觉醒后的那个夏天的许多事情。那时候我终日用双手探索事物，学习我触及之物体的名字。触摸得越多，对事物的名称和用途了解得越细，我与外界的联系就越发透着欢愉与自信。

在雏菊和毛茛绽放的时节里，苏立文老师牵着我穿过田野，那里处处是忙于翻土播种的农人，她带我漫步到田纳西河畔，坐在那温暖的草地上，我在大自然的恩赐下上了人生的头几课。我懂得了阳光和雨露如何使树木破土而出，呈现赏心悦目的美景，结下累累的丰硕果实；我知道了鸟雀们如何筑巢，如何在各地生息繁衍；我还明白了松鼠、鹿和狮子等各种动物如何觅食和遮风挡雨。随着知识的增长，我对于我所生存的这个世界愈加喜爱。远在我学会加法运算和了解地球形状之前，苏立文老师就教会了我在芳香的树林中找寻美、在每片草叶中发现美，以及在妹妹小手的曲线和浅窝中领略美。她把我最早期的思想和大自然联系了起来，使我感到"与鸟雀、花草做伴，其乐融融"[1]。

然而就在这个时候，一次经历让我明白大自然并非时时都那

1　出自詹姆斯·拉塞尔·洛威尔的《致蒲公英》（To The Dandelion）第五节。

诗人詹姆斯·拉塞尔·洛威尔

么友善可人。有一回老师和我在一番漫步后折返——那天早晨天气还十分宜人，后来就变得酷热难耐，我们只好掉头往回走，有好几次我们还不得不在路旁树下稍事休息。我们的最后一次驻足是在离家不远的一颗野生樱桃树下，树下阴凉宜人，树干也易于攀爬。在老师的协助下，我爬到了树上，坐在了树杈之间。树上如此清爽，于是苏立文老师提议我们就在这里吃午餐。我答应她在树上乖乖坐着，等她回家取午餐。

忽然间，树上陡然一变，太阳的暖意霎时间无影无踪。我知道天色一定暗了下来，因为所有的热度——在我而言热即是光——在空气中消失殆尽。地上泛起一股土腥气，我知道，这种气息通常是暴风雨来临的前兆，一种难以名状的恐惧攫住了我的心。我感到自己被完全孤立，与自己的亲友隔绝，双脚也脱离了坚实的土地。我被一种无边的陌生感吞噬。我一动不动，焦灼地等待着。一阵恐惧的寒意悄悄袭上心头。我望眼欲穿地盼着老师回来，但此刻我最迫切想做的就是从树上下来。

一阵不祥的死寂，继之而来的是树叶不住地颤动，树身开始晃动，紧接着狂风骤起，若非我死死抱住树枝，只怕已经被大风刮下来了。树干猛烈地摇摆，在狂风中扭曲，小树枝纷纷折断，如雨点般下坠打落在我身上。一阵纵身一跃跳下树的冲动攫住了我，但我旋即又被恐惧感裹挟。我俯身蜷缩在树杈间，一任树枝的鞭打。我感到树身间歇性的震颤，仿佛不时有重物砸到地上，而震动再随树身传到我身下的树杈。我惊慌已极，正当我觉得自己将随大树一同倒下时，老师抓住了我的手，把我抱了下来。我紧紧攀附在她身上，感受自己的双脚再次与大地相连，我兴奋得浑身颤抖。我学到了新的一课："大自然也会向它的子女公开宣战，它那最温柔的抚摸下可能藏着歹毒的利爪"[1]。

有过这番经历后，我久久不敢再爬树，一想就怕。最后，是花团锦簇的金合欢[2]树散发的阵阵醉人迷香，让我战胜了恐惧。在一个美好的春日早晨，我正独自在凉亭里阅读，忽觉幽香袭来，我不禁起身，伸出手来在空气中摸索，只觉春意已然造访过这个凉亭了。"是什么这么香？"我问道，但旋即辨认出是金合欢的花香。我摸索着来到花园尽头，我知道那棵金合欢树就在小径拐角处的栅栏旁。果不其然，它正在暖阳中随风轻轻摇曳，枝丫被累累花朵压得低垂下来，几乎触到那长长的青草。世上竟有这般娇柔的美！它那细腻而脆弱的花瓣经不起尘世间哪怕是最轻微的触碰。这棵树仿佛是自天国乐土移栽到人间的。我顶着一头花雨，摸索着到了树干下面，犹豫了片刻，随即开始踏着树杈往上攀爬。但我感到难以扶稳，因为树枝很粗，而且树皮扎手。不过我感到此刻自己正在做一件非同寻常的事，这种美妙的感觉驱使我越爬越高，直到我在树上找到位置坐下来。这个座位是很早以前有人专门在树上筑的，日积月累，已然长成了树身的一部分。我在树上久坐不去，陶醉于那种就像仙子坐在彩云之端的感觉。此后，我还在这树梢上的天堂里度过了许多欢愉的时光，纵情于惬意的遐想，流连于幻美的梦境。

1　出自罗伯特·路易斯·史蒂文森《维琴伯斯·普鲁斯克集》（Virginibus Puerisque, and Other Papers）。

2　Mimosa，金合欢，含羞草属。

第六章

掌握了语言的要领后，我开始迫切地想要学会如何运用。听辨无碍的孩子们掌握一门语言并不需要为此多下工夫。别人唇间吐出的语词，他们能轻易地在空中截获，乐在其中；而耳聋的孩子则必须设下重重陷阱才能将其捕获，过程漫长而且往往苦不堪言。然而，无论过程如何，结果是无比奇妙的。从认物品开始，我们步步前行，终于跨越了从磕磕绊绊地发出第一个音节到纵情驰骋于莎士比亚诗行之间的距离。

起初，当老师给我讲新事物的时候，我都不怎么发问。因为我脑中的概念还很模糊，词汇也很匮乏，但随着我对事物认识的增进和词汇量的增长，我的提问空间就越来越广了。我还常常会再三回到同一个话题，想要一穷究竟。有时候，一个新词还能唤起早期经历在我脑中留下的记忆画面。

我还记得那个早晨我第一次问起"爱"的含义，那时我认识的单词还很有限。我在花园里发现了几株提前绽放的紫罗兰，便把它们采摘了下来送给老师。她试图吻我，但那时候我还不习惯母亲之外的人亲我。苏立文老师轻轻地搂着我，在我的手上拼写出"我爱海伦"这几个字。

"爱是什么？"我问道。

她把我搂得更紧了，指着我的心说："爱就在这里。"这是我第一次意识到自己的心跳。她的话让我迷惑不解，因为那时候我还不能够理解触摸不到的东西。

我闻了闻她手里的紫罗兰，一半用文字，一半用比画地问道："爱是花香么？"

"不。"老师回答说。

我又想了想。此时温暖的阳光正洒在我们身上。

"这是不是爱？"我指着温度传来的方向问道，"这是不是爱？"

在我看来，世上没有什么比太阳更美的了，因为万物生长全仰赖它的热度。但苏立文老师却摇了摇头，我大感困惑也无比失望。我十分诧异，老师竟不能告诉我什么是爱。

一两天后，我有一次在串珠子，我把大大小小的珠子按顺序对称地串起来——先两颗大的，再三颗小的，如此类推。我屡屡出错，而苏立文老师一次又一次不厌其烦地为我指出。终于，我自己察觉出了一个明显的顺序错误，那一刻我全神贯注，努力思索应该如何排列才对。苏立文老师在我的额上意味深长地拼写出"think"（思考）一词。

我顿时明白过来，原来这个词指的就是我刚才脑中的种种过程。这是我第一次对抽象概念有所感知。

我静默了许久——不是在想膝上的珠子，而是在运用刚刚悟到的"思考"来寻觅"爱"的意义。那天太阳一直被云层遮蔽，间或有些阵雨，但突然太阳穿透云层，披着绚烂的傍晚红霞。

我再次问老师："这是爱吗？"

《穿过云层的阳光》┃英国┃亚历山大·寇曾斯

"爱就像太阳出来之前天空中的云彩，"她回答说，进而用更浅显的语言加以阐释，只是我当时仍无法理解，"你触摸不到云彩，却能感觉到雨，你可以想见花朵和土地经历了一天的酷热后得到雨露的滋润会是多么喜悦。你同样摸不到爱，但你却能感觉到爱为万事万物所灌注的丝丝甘甜。没有爱，你就无法开怀，也无心玩耍。"

这美妙的真理蓦然在我脑中闪现，我感到仿佛有看不见的千丝万缕把我的心灵和别人联系到了一起。

教学伊始，苏立文老师就照例像对听觉正常的孩子一样跟我说话，唯一的区别在于不是用嘴说，而是在我手上把句子拼写出来。如果我找不到表情达意所必需的词汇或习语，她会为我补充；当我无法将对话继续下去时，她甚至还为我提供话题。

这种过程持续了几年之久，因为失聪孩童无法在一两个月内，乃至于两三年里，掌握最简单的日常对话所涉及的无数习语和表达。而听辨无碍的孩子反复重复和模仿就能学会，连家里听到的对话都会引发他们的思维活动，勾起话题，脑中便自然而然地开始遣词造句。这种自然的思想交流对于失聪孩童来说却是无法实现的。老师意识到了这一点，于是决心为我补上我所缺乏的这种刺激。为此，她尽她所能反复为我逐字逐句写下她所听到的，教我如何能参与到对话中来。但是很久以后我才敢主动和人攀谈，而在恰当的场合找到合适的话来说，则是更久以后的事了。

对于失明或失聪的人来说，要掌握说话得体的艺术是非常困难的，而对于那些既聋又盲的人来说就更是难上加难了。他们无法辨别语气，不能理解抑扬顿挫为词汇所赋予的特殊意义，也无法观察说话者的面部表情，而神情往往是传情达意的灵魂。

第七章

我的教育过程中，第二个重要阶段是学习阅读。

刚学会拼写几个单词后，老师就给了我一些硬纸片，上面凸印着单词。我很快就明白过来，每个单词代表一样物品、一种行为或一项品质。我还有一个活动卡片框，可以用来排列单词进行简单造句。不过在我学会造句填框之前，我是先用实物来造句的。我先找出分别写着"doll（洋娃娃）"、"is（是）"、"on（在）"、"bed（床上）"的各张卡片，把它们放在相应的物品上；然后我把洋娃娃放在床上，并把排列好的"is on bed（是在床上）"放在娃娃旁边，这样一来我既用单词连缀成了句子，又用实物本身体现出了句子的内容。

苏立文老师告诉我，有一次我把"girl（女孩）"别在了围裙上，站在衣橱里，还在架子上摆好"is in wardrobe（在衣橱里）"几个单词。再没有什么游戏比这更让我开心的了。老师和我每次都是一玩好几个小时。我们常常把房间里的每样事物都摆弄一遍，用来进行"实物造句"。

这些拼字卡片不过是助我过渡到印刷书籍的一个步骤。我拿出《启蒙读本》，在上面寻觅我所认识的单词。辨识出单词给我带来的喜悦就像玩捉迷藏时逮住了人一样。就这样我开始了阅读。而我是什么时候开始阅读完整故事的呢，我会在后文提到。

有很长一段时间，我都没有正规上课。即便是我抱着最大热忱来学的时候，仍觉得像在嬉戏一样。苏立文老师用美妙的故事或诗篇来阐明她所教授的一切。一旦发现什么内容让我愉悦或感兴趣，她就会据此生发开去，仿佛自己也是个小姑娘一样。上课让许多孩子无比畏惧，被视为与语法、繁难的算术以及艰涩的概念和定义打交道的痛苦历程，然而时至今日，却仍是我最珍贵的回忆片段。

苏立文老师对我的喜悦和需求有着难以言说的感应，或许是由于她长期与盲人接触的缘故吧。除此之外，她还特别善于描绘事物。乏味的细节，她总是一带而过，从不喋喋不休地考问我前天学过的功课。枯燥的科学知识经她一点一点加以讲解，每个主题都变得无比鲜活，我也就自然而然都记住了。

我们常到户外读书学习，比起室内，我们更喜欢阳光照耀下的树林。我早期的所有课业都带着树林的气息——混合着松脂的清香和野葡萄的芬芳。坐在野生鹅掌楸宜人的浓荫下，我领悟到事事都有教益，物物皆有启迪。"万事万物的美好可爱，教会了我它们的用途。"诚然，所有能嗡嗡作响、唧啾鸣唱或吐露芬芳的花鸟昆虫，都在我的教育中占有一席之地：聒噪的青蛙、螽斯和蟋蟀被我捧在手里，直到忘却了胆怯，再度尖声高亢；毛茸茸的小鸡、野花、山茱萸、紫罗兰和抽芽中的果树。我抚摸绽裂的棉荚，用手指轻触它那柔软的棉絮和毛绒的棉籽；我感受到风穿过玉米的杆茎，飒飒有声，长长的叶子相互摩擦，瑟瑟作响；还有当我们在牧场上抓住我的小马驹给它上嚼子时它气愤的鼻

海伦用手指读一个女孩的唇语

息——啊，我还清楚地记得它喷息中辛辣的苜蓿草的气味！

有时候，我会在破晓时分起身，偷偷溜进花园，那时候草叶和花瓣上还缀满露水。恐怕没几个人体会过玫瑰花轻轻压着你掌心的美妙感觉，也很少有人见识过百合花在晨风中摇曳的婀娜身姿。我采摘下的花朵里偶尔还藏着昆虫，我能感觉到那种翅膀摩擦的轻微噪音，这小生命想必是感受到了外界的挤压，因惊恐而振翅欲飞。

另一个我时常流连的地方是果园，7月初果子就成熟了。和风拂过树丛，硕大饱满、覆着绒毛的桃子便掉到我的手上，苹果则骨碌碌滚落到我脚边。用围裙兜起一兜的水果，把脸贴在苹果的光滑表面，感受上面太阳的余温，蹦蹦跳跳满载而归，那种感觉真是妙不可言！

我们喜欢散步到"凯勒码头"——田纳西河畔一座破败不堪的木制码头，曾在南北战争期间用于士兵登陆。我们在那里一边游戏一边学习地理知识，度过了许多欢乐时光。我用小石子筑水坝、造岛屿、围湖泊、挖河道，全是出于玩心，从未想到这也是在上课。听苏立文老师讲述这个球状星球上喷涌的火山、湮没的城市、流动的冰河和其他奇闻异事，我越听越感到惊异。她用黏土做成立体地图，这样一来我就能触摸到山脊和峡谷，用手指去感受河流蜿蜒的来龙去脉。这些我都十分喜欢，不过温度带的划分和地球的两极却让我困惑不已。辅助说明温度带的细线和代表两极的桔枝感觉如此真实，以至于到现在，只要提起温度带我的脑中仍会浮现一环一环的线圈。如果有人跟我说白熊真的像爬杆子一样爬上北极[1]的话，我一定会信以为真。

算术似乎是我唯一不喜欢的科目。我从一开始就对数字不感兴趣。苏立文老师试图通过串珠子教我如何数数，通过排布幼儿园教学常用的吸管我学会了加减法。每次我至多排列五到六组，再多我就不耐烦了。做完这些后，我就可以心安理得一整天，立刻跑出去找我的玩伴了。

我还以同样轻松悠闲的方式学了动物学和植物学。

有一次，一位先生——他的名字我已经记不起了——送了我一套化石标本，有软体动物的甲壳留下的精美印痕，印着飞鸟爪痕的几块砂岩，以及一座可爱的蕨类浮雕。这些就像一柄柄钥匙，为我开启了通往上古世界宝藏的大门。听苏立文老师描述骇人的野兽时，我手指不住打战，这些野兽名字荒蛮且诘屈聱牙，曾经迈着沉重的步子在原始森林里游弋，撕扯下巨树的枝丫用以果腹，最后在不为人知的岁月里，淹没在阴森凄凉的沼泽中。很长一段时间，这些不可思议的生物在我的梦境里萦绕不去。而这段阴郁的岁月却成了昏暗的背景，衬托出了我欢愉的现在——阳光明媚，玫瑰盛放，小马驹轻快的嘶声四处回荡。

还有一次，有人送了我一枚美丽的螺壳。我满怀着孩童的惊奇与兴致，了解到一个微小的软体动物如何建造亮晶晶的螺旋外壳作为它的居所；也了解到静谧的夜里，没有一丝风浪的时候，鹦鹉螺（Nautilus）是如何乘着它的"珠贝之舟"航行于印度洋的蓝色洋面的。我得知了关于大海的儿女生活和习性上许多有趣的

1　"North Pole（北极）"中"pole"其中一个义项就是"杆、篙"，加之苏立文女士用贯穿南北的桔枝表示地球两极，因此海伦·凯勒不难产生白熊爬竿的联想。

鹦鹉螺

点点滴滴——诸如微小的水螅体（珊瑚虫）是如何在太平洋的惊涛骇浪中建筑美丽的珊瑚岛的；有孔虫又是如何在许多大陆上沉积成白垩山的——之后老师为我读了霍姆斯的诗作《背着房子的鹦鹉螺》[1]，并向我开示，说软体动物的造壳过程象征着人的心智发展。正如鹦鹉螺点石成金的外衣改变了从海里吸取到的物质，将其内化成了自己的一部分，一个人所汲取到的零星的知识也要经历一个类似的过程，才能结出思想的珍珠。

又比如，一株植物的生长为一节课提供了活课本。我们买来一株百合花，把它放在向阳的窗前。没过多久，一个个嫩绿的尖尖的花蕾有了要绽放的迹象。花蕾外面如手指般纤细的衬叶慢慢绽开，仿佛含羞带怯，不愿向人展示它所藏匿的可爱；可是一旦开了头，绽放的过程就变得迅速起来，按部就班、有条不紊。总有一个花蕾艳压群芳，更妖娆地褪下她的罩衫，仿佛这身着丝绸软袍的美人，知道自己天生便是百合女王；而她那些腼腆的姊妹们，则羞答答地解下她们的绿色头巾，直到整株植物花枝乱颤不住点头，芳香馥郁，楚楚动人。

家里养满了花草的窗台上有一个球形玻璃鱼缸，有一次里面养了11只蝌蚪。我还记得发现这些蝌蚪时的热切心情。把手探进缸底，感受蝌蚪活蹦乱跳，让它们在我的指间游走穿行，乐趣无穷。一天，一只雄心勃勃的小家伙蹦出了鱼缸跌落到地上，我摸到它时它已半死不活，唯一的生命迹象就是它尾巴的轻微摆动。但我一将他放回缸里，它就立即一头扎进水底，欢快地游来

1　奥利弗·温德尔·霍姆斯（Oliver Wendell Holmes，1809-1894）的诗作《背着房子的鹦鹉螺》（The Chambered Nautilus），又译《背负房间的鹦鹉螺》、《被囚禁的鹦鹉螺》等，系该作者的成名作。"珠贝之舟"（ship of pearl）一词出自这首诗。

游去。它曾经纵身一跃，见识过了外面的世界，所以也就心满意足、乖乖地待在它精致的玻璃房子里，在那棵吊钟海棠下直到长大成蛙。后来，它住在花园尽头一个满是叶子的水塘里，用它那怪诞的情歌为夏夜平添了乐韵。

我就这样向生命本身学习。起初我只是一小团可能性，全赖老师为我展开并探索这些可能。她的到来使我的一切都散发出爱与欢乐，富于意义。自那以后，她从不错过任何机会来向我展示万物之美，她也一直不懈努力，以思想、行动和榜样来使我的人生美好而有价值。

正是我的老师的天赋、敏锐的感知和温婉的方式，使我早年的教育如此丰富多彩。她善于把握住恰当的时机来传授知识，使得接受知识变得轻松惬意。她知道孩童的心智就像浅浅的溪流，在成长的多石河道上荡起涟漪、欢快舞蹈，水面上不时浮现出倒影，这边花儿朵朵，那边灌木丛丛，还有天边柔云片片；她试图指引我的心智成长，她深知这就像小溪需要得到山间幽涧和地底流泉的灌注，才能汇聚成深深的河流，才能够在宁静的河面反射出层峦叠嶂、婆娑树影和蓝色天穹，还有花朵的笑靥。

任何老师都能把孩子领进教室，但并非每个老师都能引导孩子学习。无论是忙是闲，一个孩子若不能时刻感到自己主宰，就无法快乐地学习；他必须要感受过成功的狂喜和失意的消沉，才会心甘情愿地接受忤意的任务，鼓起勇气，在与教科书打交道的单调日子里苦海飞舟。

　　老师离我是那么的近，我无法想象没有她我会是什么样子。我永远都分不清，美好事物给我带来的欣喜中，有多少是上天赋予我的，又有多少是蒙老师恩赐的。我感到她的存在与我是不可分割的，而我人生的足迹也印入了她的生命。我生命中的一切美好都因她而生——我的一切禀赋、渴望和欢愉，无一不是被她的爱抚所唤醒的。

第八章

苏立文老师来到塔斯坎比亚后的第一个圣诞节，乃盛事一件。家里每个人都为我预备了惊喜，不过最让我欢喜的，却要数我和苏立文老师一起为大家预备惊喜。围绕礼物的种种神秘，让我欣喜万分、乐趣十足。朋友们从旁暗示，甚至句子只写一半，假装在最后关头及时打住，总之他们极尽撩拨之能事，吊足我胃口。苏立文老师和我一直玩游戏猜礼物，我从中受益无穷，学到的语言用法比从任何课程中学到的都多。我们每天晚上都围坐在拨旺的柴火前玩这种猜谜游戏，随着圣诞的日渐临近，游戏也越发让人兴奋了。

圣诞前夜，塔斯坎比亚的学童们置备了圣诞树，邀我前去。教室门口有一棵漂亮的树，在柔和的灯光下光辉灿烂，树枝上挂着奇异的果子。那是无比欢腾的一刻。我围着圣诞树手舞足蹈、欢蹦乱跳。当我得知每个孩子都将得到一份礼物时，我十分欢喜，装饰圣诞树的人特别友善，慨允我来为孩子们派礼物。我十分乐衷于此，竟无暇看自己的礼物了。当我为礼物拆封后，我就像失控了一样迫不及待，盼着圣诞节赶快来临。我知道我目前收到的还不是朋友们百般暗示逗引我的那些礼物，老师也说我将得到的礼物会比这些更胜一筹。不过我总算是被劝住了，暂时满足

劳拉·布里奇曼、安妮·苏立文和海伦·凯勒

于树上的礼物，而把其他礼物留待明天。

当晚，当我挂好长袜子后，躺在床上久久不能入眠，我装作熟睡，其实却时刻留着心，想看看圣诞老人来了之后会做什么。不过最后还是睡着了，怀里还抱着新洋娃娃和白熊。第二天一早，我的头一声"圣诞快乐！"唤醒了全家人。我发现处处是礼物，长袜子里、桌子上、每张椅子上、门旁以及窗台上都是礼物，每走几步就被裹着包装纸的圣诞礼物绊一下。当老师送了我一只金丝雀后，我更感幸福满溢了。

小蒂姆是这般的温顺，它会跳到我的手指上，啄食我掌中的蜜饯樱桃。苏立文老师教会我如何照料我的新宠物。每天早餐过后，我都为它备水洗澡，把它的笼子打理得干净清新，在它的杯子里添上新鲜的鸟食和从井房打来的水，还在它的秋千上挂上一簇繁缕花。

一天早晨，我去取水为它洗澡时，把笼子放在了窗座上。我回来后一开门，就感觉一只大猫和我擦身而过，冲了出去。起初我并没意识到发生了什么，后来我把手探进笼子，却既没有触碰到蒂姆的美丽翅膀，也没有感受到它的尖尖细爪抓住我的指头，我这才明白，我许是再也见不到那甜蜜的小歌唱家了。

第九章

我人生中的又一件大事，是1888年5月的波士顿之旅。一切都恍如昨夕，出行前的准备、跟老师和母亲一起出发，旅途一路和最终的抵达都历历在目。这次旅行和我两年前去巴尔的摩的那次截然不同。我不再是那个躁动、易怒、需要全车人一起哄着才能安生的小丫头了。我安静地坐在苏立文老师身旁，兴致勃勃地听她跟我讲车窗外的事物：美丽的田纳西河、广阔的棉花田、群山和树林，还有车站上满面堆欢的黑人，他们向火车上的人挥手示意，把美味的糖果和爆米花球带进车厢。我的对座上坐着我的碎布做的大玩偶南希，她穿着崭新的方格裙子，戴着皱边遮阳帽，用她的两颗玻璃眼珠看着我。我听苏立文老师的描述听得走了神，这才想起南希的存在，赶忙把她拉过来抱在怀里，不过我骗自己说她是睡着了，这样我就能心安理得了。

我后面恐怕再没机会提到南希了，因此，我想在这里讲讲她在我们抵达波士顿后的不幸遭遇。尽管她没有流露出任何想吃的意思，我却硬是喂她吃软泥蛋糕，结果弄得她满身污渍。帕金斯学院的洗衣女工背着我悄悄给她洗了个澡。南希的身子骨可经受不起这番折腾，所以我第二次看见她的时候，她已浑身散架，化作棉花一团。要不是她那两颗玻璃眼珠怨毒地瞪着我，我都完全认不出她了。

当火车终于进站，抵达波士顿的时候，仿佛一个美丽的童话故事成真了。那"很久很久以前"便是此刻，而那"遥远的国度"就是此地了。

我才刚来到帕金斯盲人学院，就开始跟小盲童交上朋友了。当我发现他们都懂手语字母表的时候，我高兴得无以言表。能用自己的语言来跟其他小朋友交谈，真是无比开心！在那一刻之前，我一直都像个外国人，需要凭借译员才能与人沟通。而在劳拉·布里奇曼曾就读过的这所盲校里，我感觉身在自己的国度。过了好一阵子，我才接受了我的新朋友们也都双目失明这一事实。我知道自己目不能视，但想想身边跟我一同嬉戏的那些热切而充满爱心的孩子们竟都是盲人，却有些难以置信。我注意到跟他们说话时他们竟把手放到我手的上方，发现他们也用手指来读书，我惊异万分而悲从中来，这种感觉我至今难以忘怀。尽管我之前听说过这些，尽管我也明白身有残疾是什么样子，但是我总隐隐觉得，既然他们听觉完好，他们就必定有一种"第二视觉"；我实在不曾料想，世上还有一个又一个孩子被剥夺了同样的天赋感官。但他们是如此的欢快与满足，在他们的陪伴下，我倍感开怀，乐以忘忧。

跟盲人孩子们只相处了一天，我就已经完全融入了这个新环境。愉快的经历一个接一个，就在我热切的期盼中，时光倏忽而去。我无法相信此外还有更广阔的天地，因为我已把波士顿视作造物的起始与终结。

在波士顿我们还参观了邦克山，我的第一节历史课就是在那

帕金斯盲人学院

里上的。勇敢的战士曾在我驻足的地方浴血奋战，一念及此我就激动不已。我登上了纪念碑[1]，一步一步数着台阶，越攀越高，我不禁遥想，战士们当年是否也爬上了这高高的阶梯，居高临下朝地面的敌人射击。

次日，我们经由水路前往普利茅斯。这是我第一次在大洋上航行，也是我第一次乘坐蒸汽船。船上充满了生机和动感。但是机器的轰响让我误以为是雷鸣，我哭了起来，害怕一下雨我们就不能去户外野餐了。我对于那块清教徒先民登上的巨大礁石大感兴趣，胜于普利茅斯的一切。能够亲手触摸到这块礁石，或许使清教徒先民的登陆、他们的艰苦岁月和伟大事迹对我变得更为真切。我常常在手里把玩那块普利茅斯礁石的模型，那是清教徒博物馆里一位好先生送我的。我用指头触摸着礁石的曲线、中间的裂缝和浮雕的"1620"字样，此刻我所知道的一切关于清教徒的精彩故事就会在我的脑海浮现。

他们的丰功伟绩极大地激发了我童稚的想象力。我把他们理想化了，将他们视为在异域开拓家园的人群中最勇敢也最宽厚的一群。我以为他们追求自由，不仅为自己也为了同胞。许多年后，我才发现——大为吃惊也倍感失望——在我们自豪于他们以勇气和活力为我们带来"美丽国家"的同时，他们竟迫害异己，让我们为之蒙羞。

威廉·恩迪科特（William Endicott）先生和他女儿是我在

1　邦克山纪念碑（Bunker Hill Monument），高221英尺，主要是为了纪念1775年美国独立战争时第一次与英军交战中不幸阵亡的爱国战士，可取道294级台阶登上碑顶一览波士顿全貌。

1620 年"五月花号"在美洲登陆

波士顿结交的众多好友中的两位。他们的友善相待在我心底埋下了种子，我的许多美好回忆就植根于此。有一天，我们造访了他们位于比弗利农庄的美丽宅子。我还记得我何其兴高采烈地穿过他们的玫瑰花园，他们的大狗利奥和卷发长耳的小狗弗里茨来迎接我，还有那匹最敏捷的马驹尼姆罗德把鼻子凑到我的手上好让我拍拍它的头给它一块糖。我也记得那海滩，那是我第一次玩沙子。那里的沙子质地坚硬而光滑，与布鲁斯特稀松尖利、掺杂着海藻和贝壳的沙子大为不同。恩迪科特先生还跟我讲了从波士顿驶向欧洲的巨轮。我后来还跟他见过好几次面，他一直是我的好友，其实，当我称波士顿为"善心之城"的时候，心里就想着恩迪科特先生。

第十章

帕金斯学院快要放暑假的时候，我和苏立文老师被安排到布鲁斯特的科德角（又称鳕鱼角），和我们的好友霍普金斯夫人一同度假。我无比兴奋，满脑子都是有关海的美妙故事和对未来欢乐的种种畅想。

对于那个夏天，我最鲜活的记忆就是海。我一直生活在内陆，不曾闻到过一丝海风的腥咸，不过在《我们的世界》这本厚厚的书中，我曾经读到过一段关于海洋的描述。这让我惊叹不已，我无比渴望能亲手触摸那伟力无边的海，去领略它的咆哮。当我知道终于可以如愿以偿的时候，我的小小心脏因热切期盼而狂跳不已。

人们才帮我穿好泳衣，我就窜进了温暖的沙滩，然后不知惧怕地扎进了清凉的海水中。我感到大浪翻滚，起起落落。海水的浮力给我带来一种细腻的快感，让我浑身为之一颤。突然间，我内心的狂喜让位给了恐惧，我的脚撞到了一块礁石，紧接着一股潮水没过了我的头顶。我伸出双手想要攫住什么东西来借力，却只抓到海水以及被波浪冲到我脸上的海草。我所有狂乱的努力都是徒劳，海浪似乎在捉弄我，在它们不羁的嬉戏中把我从一波海浪推向另一波。可怕极了！舒适、坚实的土地从我的脚下溜走，这股陌生的、吞噬一切的海水，将所有事物——生命、空气、温暖与关爱都拒之门外。不过最后，大海似乎腻味了它的新玩物，又把我抛回了岸上，接着我就被老师的双臂紧紧抱住。这温柔而持久的一抱多么让人宽心啊！我惊魂甫定刚能开口，就大声质问道："是谁在水里撒了盐？"

我从与水的初次遭遇恢复过来后，穿着泳衣坐在礁石上，感受一波一波的浪拍打礁石，四溅的水花洒我一身，有趣得很。当波浪重重砸向海岸的时候，我感到卵石在咯咯作响，仿佛整个海滩承受着巨大的痛苦，空气也因它们的震颤而悸动。海浪暂时退去，只为了蓄势再来一波更猛烈的冲击。我攀在礁石上，汹涌大海的冲腾与怒吼让我紧张不安而又心醉神迷！

我在海岸边总是不知厌倦。纯净、清新而自由的海风散发出的气息，宛如一种让人沉静的思想，贝壳、卵石和小生物附着其上的海草让我乐此不疲。一天，苏立文老师用一件新奇的活物把我的注意力吸引了过去。她捉到它的时候，它正在浅水里晒太阳。那是一只庞大的鲎（亦称马蹄蟹），我还是第一次见。我摸着它，惊异于它竟背着自己的房子。忽然心生一念，要是拿它来当宠物准讨人喜欢，于是我用双手拽着它的尾巴，把它拖回了家。我颇有成就感，因为它的身子很沉，我费尽全力才把它拖出半英里远。直到苏立文老师把它放进了井旁的一个水槽里，我确信它跑不掉了，才让苏立文老师得以安宁。但是次日清晨，当我去水槽的时候，呀，它竟失踪了！没人知道它的去向，也没人知道它是如何逃生的。我当时万分沮丧，但是我慢慢意识到，强迫这不能言语的可怜家伙待在一个与它格格不入的环境里，是既不友善也不明智的。又过了一阵，想到它或许已经回到了海里，我就高兴了起来。

第十一章

秋天，我满怀着欢快的记忆回到了南部的家。回忆起那次北方之行，那些经历之丰富多彩，我每每感到不可思议。那次行程仿佛是一切的开端。在一个美丽新世界里，无限宝藏就在我的脚边，我满载喜悦前行，每每学到新知。我沉浸在世间万物之中，一刻都不曾静止；我的生命时刻充满活力，就像那些朝生暮死的昆虫，要在一天里活完一辈子。我遇到过许多人，他们通过在我掌心拼写来与我进行交谈，思想就伴着愉悦的旋律跳跃，与另一个思想交会，看啊，奇迹就此诞生！两个思想之间的荒漠蓦然盛放。

我整个秋季都与家人在我们的避暑山庄里度过，那是在离塔斯坎比亚约有14英里的一座山上，此处得名蕨草采石场（Fern Quarry），是因为附近有一座废弃已久的石灰岩采石场。三条欢快的小溪流经此地，承接上头石罅隙的山泉，一有岩石挡住去路，溪水就东奔西窜，在岩石上撒下瀑布。开口处布满蕨草，完全遮蔽了石灰岩矿床，有时还藏起了溪流。山的其他地方都是密林。这儿有高大的橡树和各种常绿树，树干就像覆着苔藓的柱子，枝上挂着常春藤和槲寄生的花环，还有柿子树，气味遍布树林的每个角落——一种沁人心脾的醉人芬芳。野生的麝香葡萄和斯卡珀农葡萄的藤蔓，从一棵树上爬到另一棵树上，围起了一处浓荫，蝴蝶和嗡嗡作响的昆虫徘徊不去。黄昏时分流连于杂树丛生的绿色山谷，沉醉于薄暮凉爽、美味的气息，真是心旷神怡。

我们的山庄就像一个简易的营地，优美地坐落于山顶，为橡树和松树环抱，一个长长的空旷的厅堂，小房间就布置在它的两旁。房子四周有宽敞的回廊，山风吹过，带来树木的醇香。我们大多数时间都在回廊里度过，在这里学习、吃饭和嬉戏。房子后门有一棵高大的灰胡桃树，台阶绕树而建，面前的树离我如此之近，一伸手就可以够到，可以感觉到风在摇撼树枝，树叶在秋风中盘旋飘落。

蕨草采石场游客很多。夜里，男人们围在篝火旁打牌，以聊天和消遣来打发时间。他们炫耀自己对付飞禽走兽如何如何有一套、打过多少野鸭和火鸡、捕过怎样"凶猛的鳟鱼"、如何猎获最狡猾的狐狸、智擒最聪明的负鼠、追上最矫捷的鹿只，直到我确信无论是狮子、老虎、熊还是其他野生动物都绝非这些老谋深算的猎人之对手。"明天好好干一场！"是这些微醺的好汉们互道的晚安，之后便各自睡去。他们在门外的大厅里休息，我可以感受到猎犬和猎户在临时搭起的床上沉重的鼻息。

黎明时分，我被咖啡的味道、枪支的声响和沉重的步子唤醒，男人们正大步流星，指望在狩猎季节里交上好运。我还能感受到马匹在跺脚，这是猎人从城里骑出来拴在树下的，它们整夜都待在那里，此刻正大声嘶鸣，迫不及待地想要出发。最后男人们跃身上马，像古老歌谣里唱的一样：猎手扬鞭去，驱犬奔向

海伦在草地上牵着马

前，马铃叮当响，"呼喝震山川"。[1]

早晨晚些时候，我们为烧烤做好了准备。在地上的一个深坑里点起了火，粗大的树枝交叉叠起，肉就搭在上面，不时用铁签翻转。黑人奴仆围着火炉，蹲坐在地，手里拿着长长的树枝来驱赶苍蝇。肉香四溢，还没等餐桌摆好我就已经饥肠辘辘了。

正当大家忙前忙后准备正醋的时候，猎人们三三两两地出现了，他们步履拖沓，汗流满面，显得疲惫不堪，马匹唾沫四溅；猎犬气喘吁吁、垂头丧气——他们竟一无所获！每个猎人都声称自己看到过不止一头鹿，而且离猎物非常近；但无论猎犬如何死命追赶，无论猎枪瞄得多准，一到扣动扳机的时候，鹿就倏忽消失了踪影。他们的运气就像那个小男孩，说自己快要看到兔子了，其实不过是看到脚印而已。不过大伙很快就把失望抛诸脑后，围坐起来，尽管没有鹿肉可飨，只有家常的小牛肉和烤猪。

有一年夏天，我把我的小马驹带到了蕨草采石场。我管它叫"黑美人"，因为我刚读了那本书[2]。它跟它的名字无论哪方面都贴切极了，从一身黑色的光滑皮毛到前额上的白色星斑，分毫不差。我在它的背上度过了许多人生中最快乐的时光。有时，在比较安全的情况下，老师会松开缰绳，任马儿随着性子散步、停下来吃草或者啃食小路边树上的叶子。

我如果早上不想骑马，老师就会和我在早餐过后到树林里漫步，忘情于树木和藤萝之间，不知所踪。除了牛和马踏出的小

1　原句 "with hark and whoop and wild halloo!" 出自英国诗人司各特《湖上夫人》（Lady of the Lake）第一章 "追猎"，描摹猎人呼喝犬马的声响。

2　《黑美人》，作者安娜·休厄尔（Anna Sewell），1877年出版后曾被公认为描写动物最成功的小说。

栈桥

径，无路可循。我们常常会遇到灌木丛拦住去路，只得绕道而行。每次回到山庄时，我们都满怀月桂、秋麒麟草、蕨类植物和南部特有的艳丽的沼泽花。

有时候我会和妹妹米尔德莱德还有我的表妹们一起采柿子。我并不吃柿子，但我喜欢闻柿子的香味，享受在草叶间寻找落地柿子的乐趣。我们也采集坚果，我还帮他们剥开板栗外面的毛刺（chestnut burrs），敲开山胡桃和核桃的硬壳——好大好甜的核桃啊！

山脚下有一条铁路，孩子们常看着火车呼啸而过。有时候一阵骇人的汽笛把我们惊得跌坐在台阶上，而米尔德莱德会兴奋地跟我说有一头牛或一匹马离群走到了铁轨上。大概一英里外，有一条深深的峡谷，一座栈桥（trestle）横跨其上。桥板间距很宽，板面又窄，感觉就像走在刀刃上一样。我之前从来没有从这座桥上走过，直到有一天，米尔德莱德、苏立文老师和我在树林里迷失了，转悠了好几个小时都找不到出路。

突然，米尔德莱德用她的小手指着远处喊道："桥在那里！"虽然心里有千万个不愿意，但是天色已晚，而栈桥是回家的捷径。我只好用脚尖来探寻铁轨上的枕木，不过我并不害怕，一路走得好好的，直到听见微弱的扑哧声从远方传来。

"火车来了！"米尔德莱德叫喊道。一分钟后，要不是我们及时爬下，攀住桥身的交叉支架的话，火车就是从身上碾过，而非从头顶驶过了。我感觉到引擎的炽热喷息扑到脸上，浓烟和煤灰让我们几乎窒息。火车隆隆驶过，栈桥剧烈摇晃，我都以为自己要被甩入深渊了。几经艰险，我们又爬回到铁轨上。到家的时候，天已全黑。山庄里人影全无，原来全家人都出去找我们了。

第十二章

自从第一次造访波士顿后，我几乎每年都在北部过冬。有一次我去了新英格兰的一个村庄，那里有冰封的湖泊和白茫茫的田野。正是那次，我前所未有地领略了雪的宝藏。

我仍记得自己当时的惊奇，我发现仿佛有一只神秘的手为树林和灌木褪去了衣裳，只零星地留下一两片皱巴巴的叶子。鸟雀们飞走了，空巢在光秃秃的枝头上积满了雪。山丘上、田野里也是一派冬日景象。在冬天的冰冷触摸下，大地仿佛冻僵了，树木的灵魂纷纷退缩到了树根里，在黑暗中蜷作一团，沉沉睡去。仿佛一切生机都已衰退，即便是阳光普照，白昼却"畏缩而冰冷，仿佛血脉已枯朽；她颓然起身，迷漠地再看世界最后一眼。"[1]

枯萎的草叶和灌木丛变成了一片冰凌的森林。

之后有一天，凛冽的空气预示着暴风雪的来临。我们纷纷冲到户外去感受初降的片片雪花。几个小时过去，雪花一直悄无声息地降着，轻柔地从高空飘落到地面，把乡村越铺越平。一夜的雪把世界包围，次日清晨，大家几乎都认不出这片土地了。道路

---

1 出自詹姆斯·拉塞尔·洛威尔的《朗弗尔爵士的幻觉》（The Vision of Sir Launfal by James Russell Lowell）第二部分第一节，此处主语原是黎明（"Again it was morning,"）。

都隐匿不见了，看不到任何一处地标，只有一片茫茫的雪和从雪里伸出来的树。

傍晚时分起了东北风，刮得雪花纷纷扬扬。我们围坐在火堆旁，讲起了欢快的故事，追逐嬉戏起来，完全忘记了此刻孤绝的处境，我们与外界已断绝了一切联系。然而，到了夜里，狂风怒号，隐隐有些恐怖。椽柱嘎吱作响，仿佛要被拉断，房子周边的树枝沙沙有声，不住拍打窗户，暴风在乡里大肆凌虐。

暴风雪开始后的第三天，终于雪霁天晴。太阳破云而出，照在绵延起伏的白色平原上。高高的雪丘、雪堆成的金字塔，还有硬硬的积雪，随处可见。

人们从雪堆中铲出了一条小路。我披上斗篷围上头巾走出屋子。风把我的脸刮得生疼，如灼烧一般。我们时而沿路而行，时而踏雪而过，终于来到一片广阔草场外围的松树林。银装素裹的树木无声无息地站立着，就像大理石雕饰上刻着的人像。松针的香气已经闻不到了。光线洒在树上，树杈像钻石般熠熠生辉。轻轻一碰，积雪就哗哗如雨落。阳光如此耀眼，竟刺透了遮蔽我双眼的黑纱。

日子一天一天过去，冰雪渐渐消融，不过在积雪化尽之前又下了一场暴风雪，所以一整个冬季，我的双脚都没有踩到过土地。树木偶尔有脱离冰雪笼罩的时候，芦苇和矮树丛也是光秃秃的，不过在阳光下，湖泊仍是一片冰封。

那个冬季，我们的一大乐事就是滑雪橇。有些地方河岸比冰面要突然高出好些，我们就常常沿着这些陡坡滑行。我们在雪橇里坐定，让一个男孩从后面推一把，然后我们一滑就出去了！雪

海伦在感受自然

橇时而一头撞入冰堆，时而跃过坑洼，朝着湖心俯冲下去，在泛着微光的冰面飞驰而过，一下冲到对岸。多么欢畅！多么疯狂！在那狂野兴奋的一刻，我们仿佛扯断了把我们捆绑在大地上的锁链，与风携手同游，感觉飘飘欲仙！

第十三章

1890年春，我开始学说话。我体内一直有种强烈的发声冲动。我常常发出各种声响，并用一只手压着喉部，另一只手去感受嘴唇的动作。一切能发出声响的东西我都喜欢，我喜欢感受猫叫和狗吠，我也喜欢把手放在歌者的喉部或是演奏中的钢琴上。在我失去视力和听觉以前，我牙牙学语速度很快，但是那场病过后，大家发现我不再说话了，因为我无法再听到声音了。我常常在母亲的膝上一坐就是一天，双手触上她的脸颊，因为去感受她说话时嘴唇的翕动十分有趣；我也活动自己的嘴唇，尽管我已经忘记说话是怎么回事了。朋友说我哭和笑都很自然，有段时间我还发出了许多声音和零星的单词，并非出于沟通的目的，而是因为我迫切需要活动我的发声器官。然而，有一个单词的意思我还记得，那就是"water"（水），我发出来的声音是"wa-wa"。后来连这个词都变得越发让人听不懂了，直到苏立文老师开始教我。我学会用手指拼写这个单词之后才停止发这个音。

我很早就知道身边的人用另一种方式进行交流；而我早在得知失聪孩童可以学会说话之前，就已经不满于我所使用的沟通方式。一个完全依赖手语字母表的人总有一种拘束、受限之感。这种必欲填补之却又总够不着的感觉，开始让我焦躁和苦恼。我的

海伦用手感受钢琴弹奏的音乐

思绪像逆风飞行的鸟儿一样起伏扑腾；而我固执地想要使用嘴唇和嗓音。朋友们怕我受打击，试图劝我打消这个念头。但我并不气馁，之后出现了一个事件彻底打破了这层屏障——我听说了朗希尔德·卡塔（Ragnhild Kaata）的故事。

1890年，曾经教过劳拉·布里奇曼、刚刚访问挪威和瑞典归来的兰姆森（Lamson）夫人前来看我，告诉了我朗希尔德·卡塔——挪威的一个聋盲女孩学会说话的故事。兰姆森夫人故事还没讲完，我就已经心急火燎了。我下定决心，我也要学会说话。我一直不肯罢休，直到老师带我见了霍瑞斯·曼恩学校（Horace Mann School）的校长萨拉·富勒（Sarah Fuller）女士，以求取建议和帮助。而这位慈爱善良的女士提出要亲自教我。我们在1890年3月26日开始了课程。

富勒女士的方法是：把我的手轻轻放在她脸上，让我感受她发每一个音时舌头和嘴唇的位置。我迫不及待地模仿她的每个动作，不到一小时就学会了6个音素：M、P、A、S、T和I。富勒女士总共给我上了11节课。我永远无法忘记第一次连词成句，说出"天气真暖和"时的惊讶与欣喜。固然，它们只是断断续续、磕磕绊绊的音节，但这毕竟是人类的语言。这股新生力量苏醒后，我的灵魂挣脱了束缚，通过这些破碎的语音符号，向所有的知识和信念进发。

没有哪个失聪的孩童，热切地尝试说出他不曾耳闻的词汇，借此走出那寂静无声的牢狱时——那里从来不曾有爱的声音，没有鸟雀的歌唱或音乐的片段来划破死寂——能够忘记自己开口说出第一个单词时，涌上心头的欢欣的悸动与发现的快乐。只有经历相仿的人才能体会到，我怀着多么热切的心情来跟玩具、石头、树木、鸟雀和暗哑的动物说话；也只有经历相仿的人才能懂得，当米尔德莱德听到我的呼唤朝我奔来，当我的狗能服从我的指令时，我有多么欢喜。能够说出带翼能飞的单词而不需借助翻译，对我来说是一种难以言说的恩赐。当我说话的时候，快乐的思想从词句里振翅飞翔，而这些思想以前却难免困锁在我的指尖，无力脱逃。

不过，千万不要以为在这么短的时间内我就能够说话了。其实我只是学会了音素而已。即便富勒和苏立文老师能够理解我的意思，大多数人听我说上一百个单词恐怕也未必能听懂一个。也不要以为我掌握了这些音素后，其他就顺理成章自己学会了。若非苏立文老师的聪明才智、耐心教导和悉心投入，我说话绝对不可能像现在这样接近常人。首先，我自己夜以继日地练习，才终于能让我最亲密的朋友听懂我说的话；其次，我还依赖苏立文老师不断的从旁协助，来把每一个音发得清楚准确，以及把声音以上千种方式组合起来。时至今日，她仍天天指出我发音错误让我留心。

只要是聋人的老师都清楚这意味着什么，也只有他们才能理解我所必须克服的种种难处。在读老师的唇部动作时，我只能完全依赖手指：我不得不使用触觉来捕捉喉部的振动、口型的变化和面部的表情，而触觉往往容易出错。这时候我只能一遍遍重复某些词语或句子，有时长达数个小时，直至找到正确的振觉。我的功课就是练习、练习再练习。挫折和疲惫感常使我心灰意冷；但是片刻过后，一想到我很快就能回家，向我的亲人展示我的成绩，我就备受鼓舞，我渴望看到他们因我的成就而喜悦。

"我的妹妹就要能听懂我说话了，"这个想法足以让我战胜一切困难。我常常欣喜若狂地重复着"我现在不是哑巴了"。我期待着跟母亲说话，通过唇读来理解母亲的回应，在对喜悦的憧憬中，我没有一刻消沉沮丧。我惊异地发现，用嘴说话比用手指拼写容易多了，我便不再以手语字母表为沟通媒介了；不过苏立文老师和一些朋友仍然用这种方式跟我交谈，因为这比唇读更方便快捷。

或许是时候跟大家解释一下手语字母表的使用了，不了解我们的人对此似乎大感困惑。跟我交谈或为我阅读的人用手势来进行拼写，采用通常为聋人所用的单手手语字母表。[1]我把手轻轻放在说话者的手上而不至于影响到说话人的手部动作。感觉说话人的手势就像用眼睛看一样容易。我已经感觉不到单个字母了，正如你们阅读时也不会逐个字母去读。长期运用手语字母表使手指变得非常灵活，我的好些朋友拼写速度极快，就像打字员在打字机上打字一样快。手势拼写就跟纸面书写一样，不过是一种下意识动作而已。

当我可以自如地说话以后，我就迫不及待地想回家。终于，最幸福的时刻来临了，我踏上了归程。旅途中，我不停地跟苏立文老师说话，并非为了聊天，而是因为我决心继续提高直至最后一刻。不知不觉，火车就已经在塔斯坎比亚站停下了，全家都站在月台上迎接我。每每忆及当时情景，我都不禁热泪盈眶。回想当时母亲把我紧紧抱在怀里，听着我说出的每个音节，激动得不

---

1   "One who reads or talks to me spells with his hand，using the single-hand manual alphabet generally employed by the deaf." 个别版本中还有这样一句，疑为衍文。

能言语、浑身颤抖；小妹妹米尔德莱德牵住我空出来的手又亲又吻，手舞足蹈。父亲久久默默不语，自豪与喜爱溢于言表。当时就像以赛亚的预言在我身上得到了应验："大山小山必在你们面前发声歌唱。田野的树木也都拍掌！"[1]

---

1 《以赛亚书》第55章第12节。

第十四章

1892年，我童年的晴朗天际掠过一抹乌云，那年的冬天因之黯淡。快乐弃我而去，很长一段时间，我都生活在怀疑、焦虑和恐惧之中。书本对我失去了魔力，直到现在，一想起那段可怕的岁月，我都会有一丝寒意袭上心头。我写了一篇名为《霜雪之王》的小故事，并将其寄给了帕金斯学院的院长阿纳诺斯先生，祸事自此而起。为了把事情交代清楚，我必须将与此相关的所有事实一并说出，为了还老师和我一个清白，我也自当如此。

那个故事是我在家里写的，正是我学会说话之后的那个秋天，我们在蕨草采石场待得比往常要久。期间，苏立文老师向我描绘了秋叶之美，她的描述似乎唤起了我对一个故事的记忆，一定是之前有人给我念过，而我又在不经意间记住了。我当时以为是我自己在——像孩子们常说的——"编故事"，我急忙坐下，把故事记了下来，唯恐灵感稍纵即逝。我当时文思泉涌，在写作中找到了一种快感。语词和画面轻快地游走在我的指尖，一个又一个句子从脑中浮现，我把它们一字一句写在布莱叶盲文板（Braille slate）上。现在看来，假如文字和图像毫不费力就自然浮现，显然它们并非我的思想之子，而是我遗憾地打发走的流浪儿。那时候我求知若渴，全然不问出处（authorship），即便是现在我仍难以清晰界定自己的想法和从书中读来的想法。我想，这大概是因为我的太多印象都是借由别人的眼睛和耳朵取得的吧。

故事写好后念给老师听，我还清楚地记得朗读到格外优美的章节时内心的喜悦，和被纠正读音打断时的不快。吃饭的时候，我给全家人都念了这个故事，大家都惊讶于我竟写得这么好。有人问我，这个故事是不是我之前在书里读到过。

这个问题让我十分惊讶，因为我没有一丝印象有谁曾给我念过这个故事。我大声地道："噢，不，这是我自己写的，为阿纳诺斯先生而写的。"

于是，我把故事又誊写了一遍，作为生日礼物给阿纳诺斯先生寄了去。有人建议我把标题《秋叶》改为《霜雪之王》，我依言照办了。我亲自把这个短篇故事送到了邮局，感觉飘飘然如云端漫步。我完全无法想见，我竟要为这份生日礼物付出如此惨痛的代价。

阿纳诺斯先生对《霜雪之王》大为赞赏，并将其发表在帕金斯学院的一份报告中。这是我快乐的巅峰，而片刻后我又从峰顶坠回地面。我刚到波士顿不久，就有人发现有一篇与《霜雪之王》类似的作品叫《霜雪仙子》，收录于《雀儿和朋友们》，作者是玛格丽特·T·坎比（Margaret T. Canby）女士，发表于我出生之前。两个故事无论是思想还是语言都十分雷同，显然是我之前听过坎比女士写的这个故事，而我的故事则是剽窃之作。让我理解这点并不容易，但是一旦明白过来，我感到既震惊又难过。没有哪个孩子曾像我一样吞下过这么多苦水。我让自己蒙羞受辱，也让我最爱的人遭到猜疑。这怎么可能？我绞尽脑汁，也想不出下笔之前读到过什么与冰雪有关的作品，除了人们常常提起的雪人杰克·弗洛斯特（Jack Frost）和一首写给儿童的诗歌——《霜雪怪客》，但我知道自己在写作中并没有用到这些。

起初，尽管深受困扰，阿纳诺斯先生似乎仍然相信我。他对我异常温柔和慈爱，使我感到云翳四散。为了让他高兴，我强颜欢笑，尽力把自己打扮得漂亮些来迎接华盛顿诞辰日，而这恰是得知那令人难过的消息后没几天的事。

在盲校女生的一次假面舞会上，我化装为谷神刻瑞斯（Ceres）。我还清晰地记得那优雅的褶皱裙把我包围、流光的秋叶编成的花环戴在头上、手上和脚边都是水果和谷物，还有舞会那欢愉气氛[1]下，祸事将近让我心情为之一沉的压迫感。

庆典前夜，学院的一名教师问了我一个有关《霜雪之王》的问题，我跟她说，苏立文老师曾跟我讲过雪人杰克·弗洛斯特（Jack Frost）和他的事迹。不知是哪句话让她听出了招供的意味，以为我承认了自己记得坎比女士的《霜雪仙子》。尽管我一再重申她会错了意，她还是将她自行得出的结论汇报给了阿纳诺斯先生。

对我一向关爱备至的阿纳诺斯先生，觉得受了欺骗，对爱和无辜的辩解置若罔闻。他认为——至少怀疑——苏立文老师和我故意窃取别人的美妙想法，用以博得他的赏识。我被送到一个由老师和学院领导组成的调查庭前，而苏立文老师则被支走了。然后我就受到讯问和质证，法官仿佛已经铁了心，要逼我承认我记得有人给我

---

1 印刷版本有"the gaiety of the masque"与"the piety of the masque"两个版本。

《谷神刻瑞斯》 | 法国 | 米勒

念过《霜雪仙子》。每一个问题都让我感到他们的怀疑与不信任，我还能感觉到一名昔日好友此刻谴责的目光，但我无法将这一切诉诸文字。我的心怦怦乱跳，血液就堵在胸口，我几乎说不出话来，只能一个音节一个音节地往外蹦。尽管我意识到这可能只是一场可怕的误会，但这并不能减轻我的痛苦。当我最终获准离开的时候，我头晕目眩，老师过来拥抱我，朋友们安慰我，说我是个勇敢的小姑娘，说他们为我骄傲，而我却全然不觉。

当晚我躺在床上，痛哭流涕，但愿不曾有别的孩子像我哭得这般伤心欲绝。我感觉如此冰冷，以为自己会在黎明前死去，而这个想法让我感到快慰。我想如果是在长大后遭受这种悲痛，一定会一蹶不振的，但是遗忘天使把那段悲情岁月中的好些苦难和辛酸都打包带走了。

苏立文老师从未听闻《霜雪仙子》或是将之收录其中的那本书。在亚历山大·格雷厄姆·贝尔博士的协助下，她对此事做了仔细调查，最后终于真相大白。原来索菲娅·霍普金斯夫人（Mrs. Sophia C. Hopkins）在1888年有过坎比女士所写的《雀儿和朋友们》一书，那一年我们正好和她在布鲁斯特共度夏天。霍普金斯夫人无法找到该书，不过她告诉我，当时苏立文老师外出休假，为了逗我开心，她给我念了好些书，她确定《雀儿和朋友们》也在其中，虽然她跟我一样都记不起是否读过《霜雪仙子》了。至于此书不翼而飞，她解释说，她刚把房子卖了，而此前处理掉了好些少儿读物，诸如旧课本和童话故事一类，大概《雀儿和朋友们》也在此列。

那些故事当时对我来说意义甚微，不过光是拼写陌生单词就足以让一个没有其他乐趣的小孩自娱自乐一阵了。尽管读故事的情形我一点都记不起来了，但我却不由得回忆起，我曾煞费苦心去记这些单词好等老师回来后给我讲解。可以确定的一点是，那文字已深深烙印在我的脑海，再也抹不去了，虽然长期以来无人知晓，而我自己更是全然不觉。

当苏立文老师回来后，我并没有跟她说起《霜雪仙子》，大概是因为当时她一回来就立刻给我讲《小公子》（Little Lord Fauntleroy）了，我满脑子都是这个故事，其他一切就都抛诸脑后了。而实情却是，我的确听过坎比女士的那个故事，这故事尽管我已遗忘多时，它却老马识途地找回到我，以至于我竟从未怀疑过这是邻人的孩子。

在困境中，我得到了很多关爱与同情的讯息。我挚爱的朋友们，除了一个之外，至今都仍是我的好友。坎比女士也慈爱地亲自给我写信，说"有朝一日，你自己会写出了不起的故事，那将会是对许多人的安慰和帮助"。不过这个善意的预言至今仍未应验。我此后就不曾游戏过文字了。确实，自那以后，我便深受恐惧折磨，害怕我写出的东西非我所有。有很长一段时间，即便是给母亲写信时，我都会被一阵突如其来的恐惧攫住，翻来覆去地重新拼写句子，直到确认这些句子并非从书中读来。若非苏立文老师的不断鼓励，我想我大概不会再提笔写作了。

我之后又重读了《霜雪仙子》，以及一些我借用坎比女士其他观点写成的信。在1891年9月29日一封写给阿纳诺斯先生的信中，我发现里面的措辞和情感与那本书如出一辙。当时我正在写《霜雪之王》，而这封信以及其他信件中都能找出一些词句，足

贝尔博士和海伦一起放风筝

以说明我当时满脑子都是那个故事。当老师跟我说起金黄色的秋叶时,我说:"是啊,秋叶之美足以抚慰残夏逝去给我们留下的心头之伤"——这个想法就直接来源于坎比女士的故事。

这种吸收我所欣赏的词句并借来为我所用,在我的很多早期书信和写作中都有所体现。在一篇关于希腊和意大利的古老城市的习作中,我就借用了很多闪光的描述并加以改动,而出处我已记不清了。我知道阿纳诺斯先生信而好古,但凡表达对意大利和希腊感怀之情的文字他都推崇备至。因此,我从所有读过的书中,搜集了一切可能讨他欢喜的诗歌和历史片段。阿纳诺斯先生谈到我关于古城的习作时说:"这些思想本身就富于诗性。"不过,让我不解的是,他怎么会认为一个11岁的盲聋孩童有能力独立写出这样的句子。但若说观点非原创文章就不值一读,这我不敢苟同。这至少体现我有能力用清晰和生动的语言,来表达我对美好和诗意思想的欣赏之情。

那些早期作文就像思维体操。一如所有缺乏经验的年轻人,我通过吸收和模仿,来学习如何将想法诉诸文字。书本中一切让我愉悦的事物我都有意无意地记在脑中,并加以改写。正如斯蒂文森所说的,年轻作家本能地试图复制一切让人赞赏的词句,并率性地博观约取。即便是伟大的作家也只有通过经年累月的运用,才能学会如何驾驭从思想的各条小径蜂拥而至的文字大军。

恐怕我还没有完成这一蜕变。显然,我并不能时刻分清自己的想法和书中的观点,因为我所读到的内化成了我思想的物料与材质。因此,我写出的文字像极了初学针织时缝出的百衲衣——由针头线脑拼凑而成,偶尔有一星半点美丽的丝绸或天鹅绒;但手感不佳的粗布却占了多数。同样的，我的文章是由自己天真未凿的思想，镶嵌以他人的真知卓见而成。在我看来，写作的难处就在于如何使用有教养的语言，来表达我们半是思考半是感受的杂乱想法，而当时我们还只是本真率性的孩子而已。写作就像尝试去拼七巧板，我们想把脑海中既成的图案用文字砌出来；但文字或则放不进去，或则与图案不符。但我们仍然锲而不舍，因为我们看到别人成功了，自己就不服输。

"人是无法原创的，除非生来如此，"斯蒂文森这样说道。我或许不具独创性，但我希望有朝一日能超越我披戴假发、矫揉造作的作文。那时，或许我自己的想法和体验就能浮出水面。同时，我虔信着、憧憬着、坚持着，尽量不让《霜雪之王》的苦涩回忆束缚我的手脚。

这次悲惨的经历或许对我不无裨益，它让我开始思考写作相关的问题。我唯一遗憾的是因此失去了一位挚爱的朋友——阿纳诺斯先生。

自《我的人生故事》在《家庭妇女》（Ladies' Home Journal）上发表后，阿纳诺斯先生在写给梅西先生（Mr. Macy）的一封信中作出声明，表示在"霜雪之王"事件期间，他相信我是无辜的。他说，我出席的调查庭由八名成员组成：四位盲人，四位正常人；其中四人认为我知道自己曾听过坎比女士的故事，而其余的人则持不同观点。阿纳诺斯先生说他最后投了向着我的一票。

然而，无论实情是怎样，不管他当时把票投向哪边，以往走进阿纳诺斯先生的房间，他总把我放在膝上、暂时忘却手边的

海伦站在门口

事务跟我一同嬉戏；如今再去却总觉得房里有人怀疑我，空气中有种敌意和威胁，随后的事件更证实了我的这一印象。有两年时间，他似乎相信苏立文老师和我是无辜的。而之后他明显是改变了心意，不知何故。我对调查的细节也一无所知，我连当时"调查庭"的成员姓名都不知道。我当时太激动了，什么都没注意到，当时也太害怕了，什么都没敢问。其实，我连自己说了什么、别人对我说了什么，都记不得了。

在此详细记述"冰霜之王"事件，是因为它在我的求学和人生中都意义重大；并且为了避免误解，我对所有事实都做了如实陈述，我不求自我辩解，也不想责怪旁人。

第十五章

"霜雪之王"事件过后那年夏天和冬天,我是同家人一起在阿拉巴马度过的。想起那次回家我就开心。一切都发了芽,开了花。我很欢喜。"霜雪之王"事件也已成过眼云烟。

大地铺满了深红和金黄的秋叶,花园深处满架的麝香葡萄在阳光下呈金褐色,当此时节,我开始提笔勾勒我的人生——距我写《霜雪之王》整有一年。

我下笔仍然谨小慎微,唯恐写出别人的东西,饱受这一顾虑的折磨。除了老师,没人知道我的恐惧。一种异样的敏感让我不愿提及《霜雪之王》;谈话时,当我脑中灵光一现的时候,我常常会轻轻地用手跟她拼写说:"我不能确定这是我自己的观点。"还有些时候,段落写到一半,我不禁思忖,"要是被人发现这话早就有人写过该怎么办",这时一种魑魅般的恐惧便攫住了我的手,于是这一天我就无法继续往下写了。时至今日,我仍不时感受到同样的忧虑和不安。苏立文老师总是想方设法来安慰我;但我所遭遇的可怕经历在我心中留下了难以磨灭的印象,其影响之大我现在方始察觉。为了让我重塑自信,她说服我给《青年之友》(Youth's Companion)写一篇简短的自述。那一年我才12岁。回看那时我挣扎着写完了那篇小故事,仿佛我早有先见之明，预见到这件事会带来好结果，否则定会半途而废。

我下笔时小心翼翼、战战兢兢，但是却在老师的鞭策下坚定不移地写着。老师知道只要我坚持写下去，我就能克复信心失地重新发挥我的天赋。直到"霜雪之王"事件期间，我都还懵懂无知；而现在我的思想开始向内转，能观察无形的事物了。渐渐地，我从那次经历的阴霾里走了出来，经受过考验的思想更见清澄，对人生的真谛也有所感悟。

1893年的大事要数克利夫兰总统就职仪式期间我的华盛顿之行、尼亚加拉大瀑布和万国博览会之旅。这样一来，我的学业时常中断，有时达数周之久，所以我也就无法对其加以连贯记述。

我们是在1893年3月去的尼亚加拉瀑布。当我站在美国瀑布[1]下，感受着空气的震动和大地的颤抖时，我心潮起伏，难以言喻。

我被尼亚加拉的奇观和美景打动，许多人对此感到不解。他们总问："诸般美景或音乐对你来说有什么意义呢？你无法看到那席卷沙滩的波浪，也无法听到它们的咆哮，它们对你有何意义可言？"显而易见，它们就是我的一切。对我而言，它们的意义

1　尼亚加拉瀑布由美国瀑布（美国境内）和马蹄瀑布（加拿大瀑布）构成。

大道乐园

不亚于爱、宗教和善对我的意义。

1893年夏，苏立文老师和我与亚历山大·格雷厄姆·贝尔博士一道参观了万国博览会。那段时光里，我无数儿时的梦境幻化成真，一想起来我就无比欢喜。每天我都在想象中周游世界，我见识了天涯海角的世界奇观——发明的奇迹、工业的宝藏和手工的瑰宝，人类的一切活动都在我的指尖流过。

我喜欢游览大道乐园（Midway Plaisance），它就像"天方夜谭"一样，奇趣迭出。这里一处神奇的集市，正是我书中读到的印度风情，这里就有湿婆和象鼻神；那里一片遍布金字塔的土地，凝聚在一个开罗的缩影中，伴着清真寺和骆驼队；远处还有威尼斯的泻湖，我们夜夜泛舟湖上，看城市灯火通明、喷泉流光溢彩。我还上过一艘维京海盗船，船就停在微缩景观不远处。我之前曾在波士顿登过一艘军舰（man-of-war），上了海盗船才知道何谓水手生涯，不由得大感兴趣。他们航行海上，无论风平浪静还是暴风骤雨都无所畏惧，吆喝一声"我们来自海上！"友伴呼应，奋力摇桨，有勇有谋，独来独往，自给自足。全然不像如今的海员，被那些没有智力的机器把风头全抢走了。从来如此，"只有人才让人感兴趣"。

离海盗船不远处，有一艘"圣玛利亚"（Santa Maria）号帆船的模型，我也上去观摩了一番。船长领我参观哥伦布的船舱，连同那张放着沙漏的桌子。最打动我的恰是这件小小的仪器，因为它让我浮想联翩：亡命之徒密谋要害他性命时，英勇的航海家看着沙漏里的沙一点一点往下漏，必定感到心力交瘁。

万国博览会主席希金博特姆先生（Mr. Higinbotham）慈爱

急救电话 ┃1907 年的电话服务广告

地准许我触摸展品。满怀热切期盼，就像攫取秘鲁印加帝国宝藏的皮萨罗（Pizarro）一样，我无比贪婪地用手指领略了博览会的辉煌。这座西部白城（white city of the West）就像一个可感可触的万花筒，一切都让我为之着迷，尤其是法国青铜雕像。它们栩栩如生，艺术家简直是用俗世的形式凝塑了他们在梦幻中见到的天使（visions）。

在好望角展区，我了解了钻石开采的流程。只要有机会，我都会去触摸运作中的机器，以便更清楚地了解宝石是如何称重、切割和打磨的。我在洗槽里亲手摸出了一颗钻石——据说这是在美国发现的唯一一颗真钻。

贝尔博士陪着我们到处走，以他独特而有趣的方式向我描述了各种有意思的物件。在电器展楼，我们观察了电话、投币音乐盒（autophone）、留声机和其他发明。他让我看到人类如何用电报发送讯息摆脱时间和空间的羁绊，又是怎样像普罗米修斯一样从天上盗火的。我们也参观了人类学展区，让我大感兴趣的有古墨西哥的遗迹和粗糙的石器工具——这往往是一个时代留存下来的唯一记录，记载帝王和圣贤的史籍难逃灰飞烟灭，而这些大自然蒙童的简陋纪念品（我触摸时就是这么想的）却注定得以长存。我对埃及木乃伊也很感兴趣，但我可不敢用手去摸。我从这些遗迹中学到的人类进程比我听到和读到的都多。

所有这些经历为我的词汇表增添了许多新词，在参观万国博览会的三个星期里，我经历了一次飞跃，从孩童对童话与玩具的兴趣，转为对世上真人真事的切实关注。

第十六章

1893年10月之前，我就已零零星星地自学了好些科目。我阅读了希腊史、罗马史和美国史。我有一本凸印本的法语语法书，因为当时已经略懂法语，我常常在脑中做造句练习以自娱自乐，用上我新近接触到的词汇，但全不顾语法规则和其他要求。我还尝试自行掌握法语发音，因为书上对字母和发音组合都作了讲解。当然，这可以说是不自量力，但这至少可以让我在阴雨天里打发时间。我所掌握的法语知识足以让我饶有兴味地阅读拉封丹（La Fontaine）的寓言诗、莫里哀的《屈打成医》（Le Medecin Malgrè Lui）和让·拉辛的《阿达丽》（Athalie）中的段落章节。

我也花了相当长的时间来提高我的口语。我大声朗读给苏立文老师听，还背下自己喜爱的诗人的诗作朗诵给她；她则纠正我的发音，帮助我遣词造句、做词形变换（inflect）。不过，1893年10月，我从万国博览会之游的疲惫和兴奋中恢复过来后，我才正式开始固定时间分门别类地上课学习。

当时，苏立文老师和我正在宾夕法尼亚的豪尔顿（Hulton）拜访威廉·韦德先生（Mr. William Wade）。他的邻居艾恩斯先生（Mr. Irons）是一位出色的拉丁语学者。于是经过安排，我便求师于他。印象中他是位难得一见的温文尔雅、博学多闻的人。

拉封丹

他主要教我拉丁语语法，也常常辅导我算术，但算术在我看来既繁难又无趣。艾恩斯先生还跟我一起读丁尼生的《悼念集》（In Memoriam）。我虽然之前读过好些书，却从来不曾以批判的眼光去读。我第一次了解到如何认识作者以及辨认其风格，就像是认出是谁握住我的手一样。

起初，我不大情愿学拉丁语语法。每遇到一个单词都花时间去分析其词性、属格、单复数、阴阳性，而词义本身却平白无奇，这简直荒唐。我想我不妨对我的宠物也如法炮制，来好好认识一下它——门[1]，脊椎动物（亚）门；分门，四足动物；纲，哺乳纲；科，猫科；种，猫种；亚种，斑猫。不过我学得越是深入，就越发感兴趣，语言之美让我着迷。我常常把阅读拉丁语文段作为消遣，凭我所认识的单词来猜出文段大意。我乐此不疲。

在我看来最美妙的莫过于，初学乍用的一门语言为人呈现出的转瞬即逝的形象与情感——思想在头脑的天际一闪而过，任凭难以捉摸的幻想来塑形着色。上课时，苏立文老师坐在我身旁，将艾恩斯先生讲的话在我手上拼写出来，替我查生词。我才刚开始阅读恺撒的《高卢战记》（Gallic War），我们就回阿拉巴马了。

---

1 "order, vertebrate" 此处海伦将"目"（order）与"门"（phylum）混用了。

本图为《拉封丹寓言》插图。

《狼与小羊》| 多雷

第十七章

1894年夏，我在肖托夸（Chautauqua）出席了美国促进失聪人士口语教育促进联合会（American Association to Promote the Teaching of Speech to the Deaf）召开的会议。经当地安排，我将前去纽约市的怀特-休姆森聋校就读。1894年10月，我在苏立文老师的陪同下到了那里。之所以特意选择这所学校，是因为该校以最先进的正音学和唇读训练见长。除了这些科目外，在校两年期间我还学习了算术、自然地理、法语和德语。

我的德语老师蕾米女士（Miss Reamy）通手语字母，因此我在掌握了少量德语词汇之后，一有机会我们就用德语交谈。不出几个月，我就差不多完全理解她的话了。第一年还没结束，我就无比欢喜地阅读了《威廉·退尔》（Wilhelm Tell）。我觉得我在德语上取得的进步确实比其他任何科目都多。而法语就难多了。我跟奥利维尔夫人学习法语，这位法国女士不通手语字母，所以只能口授。而读她的唇又十分困难，所以我的学习进度远在德语之后。尽管如此，我还是设法重读了一遍《屈打成医》。固然十分有趣，但我还是更喜欢《威廉·退尔》。

我在唇读和口语上的进步有负老师和我自己的预期。我雄心勃勃，渴望像其他人一样开口说话，而且老师们都认为这是有望

威廉·退尔和他儿子

达成的；然而，尽管我们切实努力过了，却未能达到目标。我想或许是我们目标定得太高了，因此失望便在所难免。我依然认为算术是一门充满陷阱的学科。我在"臆断"的前沿逡巡，不愿迈入推理的宽谷，从而给我和旁人都带来了无尽困扰。如果不瞎蒙乱猜，我就往往鲁莽武断，这一缺点，加上我本身资质愚钝，使得算术难上难了。

尽管这些失意时而令我沮丧，但我对其他科目——尤其是自然地理——却热情不减。探索自然的奥秘给我带来无穷乐趣：风如何像《旧约》形象的语言所描述的那样"从天的四方刮来"[1]，蒸气如何从大地的尽头升起，河流如何从石罅流过，群山如何被彻底颠覆，而人又如何战胜比自身强大的诸般力量。在纽约度过的两年是欢快的，回顾这段时光我由衷感到高兴。

我尤其记得我们每天结伴在中央公园散步，这是纽约唯一一处与我志趣相投的地方。在这座大公园里散步，我从来兴致不减。每次踏进公园，我都喜欢让老师给我描绘一番，因为它处处美丽动人，其方方面面不胜枚举，我在纽约的九个月中，每一天它都呈现出不同的美。

春天，我们到各处名胜郊游远足。我们在哈德逊河上扬帆，在布莱恩特（William Cullen Bryant）吟咏过的那片绿草如茵的河岸漫步。我喜欢河岸峭壁那朴实无华而狂野奔放的大气。我们参观过西点军校（West Point）、华盛顿·欧文（Washington

---

1　《耶利米书》第49章第36节"我要使四风从天的四方刮来，临到以拦人，将他们分散四方。"

华盛顿·欧文

Irving）的故乡塔利顿（Tarrytown）——我还从"断头谷"[1]穿行而过。

怀特-休姆森聋校的老师总是想方设法——比如如何让年纪较小的孩子充分利用倾向性和被动记忆[2]——让学生尽可能享受到听觉无碍之人的各种便利，引领他们走出与生俱来的束缚。

我还没离开纽约，灿烂的日子就因我所遭遇的最深沉的悲痛而黯淡无光，这悲伤仅次于父亲的过世。波士顿的约翰·思波尔丁先生（Mr. John P. Spaulding）于1896年2月去世了。只有那些最了解和最爱戴他的人，才能理解他的友谊对我意义有多重大。他以一种优雅、温婉的方式把喜悦带给身边的每一个人，他对苏立文老师和我的慈爱和温柔更是无以复加。只要能感受到他慈爱的陪伴与密切的关注，哪怕困难再多，我们都毫不气馁。他的离去在我们的生命中留下了永远无法填补的空白。

---

1 《睡谷传奇》（The Legend of Sleepy Hollow）是19世纪美国著名小说家和历史学家华盛顿·欧文（Washington Irving）的悬疑恐怖短篇小说，"睡谷"又译"断头谷"。

2 被动记忆，此处指像正常人一样非刻意地接受环境信息。

第十八章

1896年10月，我进入剑桥女子学校（Cambridge School for Young Ladies）就读，为日后求学拉德克利夫学院做准备。

当我还是个小女孩的时候，我就参观过卫斯理女子学院，还宣布了一个震惊友人的决定"有朝一日我也要上大学，但我要读的是哈佛大学！"问及为何不想去卫斯理时，我回答说，因为那里只有女生。读大学这个念头在我心里根深蒂固，进而成为我热切的渴望，迫使我不顾许多明智朋友的强烈反对，与耳聪目明的女生竞争学位。当我离开纽约后，上大学的想法成了我坚定不移的目标；于是打定主意去剑桥女子学校，因为这是我通往哈佛、实现我儿时宣言的捷径。

在剑桥女子学校，经安排，由苏立文老师陪我上课并为我翻译老师的授课内容。

毫无疑问，在教育异常学生方面，老师们经验全无，我与老师们唯一的交流方式就是读唇。我第一年的学科包括英国史、英国文学、德语、拉丁语、算术、拉丁语写作和其他非固定课程。在此之前，我从来不曾上过任何专门预科课程；不过我的英文已受过苏立文老师的良好训练，很快老师们就认为除了对必读书目加以研读之外，我不需要接受任何特殊辅导。此外，我法语的起

藤椅中的海伦

点不错，接受过6个月的拉丁语教育；不过我最熟悉的还是德语。

尽管具备这些优势，我的学业仍多有阻滞。苏立文老师不可能把所有必读书目都在我手里拼出来，而且纵然伦敦和费城的朋友愿意帮我加急印制，要将教科书及时进行凸印以供学习之用也十分困难。有一阵子，我不得不用布莱叶文手抄拉丁语，以便和其他女孩子一起背诵。老师们很快就对我有瑕疵的口语有了足够了解，能立刻回答我的问题并纠正我的错误。我无法在课堂上记笔记或做练习，不过回家后可以用打字机来写作文和做翻译。

日复一日，苏立文老师陪我一起上课，在我手中不厌其烦地拼写出老师讲过的所有内容。自习时，她帮我查生词、一遍又一遍地为我读那些没有凸印的笔记和课本。这项工作之枯燥，难以想象。我的德语老师格罗特夫人（Frau Gröte）和校长吉尔曼先生（Mr. Gilman）是学校里仅有的学了手语字母表来给我上课的人。除了亲爱的格罗特夫人本人之外，恐怕没人能彻底了解她的拼写有多么缓慢和不得要领。虽然如此，她还是本着一片好心，每周两次单独为我授课，吃力地拼写出她的授课内容，好让苏立文老师稍作休息。尽管人人都热心善良想帮助我们，但只有那一只手能真正将苦差变成乐事。

那一年我结束了算术课程，重温了拉丁语法，阅读了恺撒《高卢战记》其中三章。而德语方面，我部分用手指、部分借助苏立文老师，阅读了席勒的《钟之歌》（Das Lied von der Glocke）和《潜水者》（Der Taucher）、海涅的《哈尔茨山游记》（Die Harzreise）、弗莱塔克的《从腓特烈大帝的国度中来》（Aus dem Staat Friedrichs des Grossen）、里尔的《美的诅咒》（Fluch Der Schönheit）、莱辛的《明娜·冯·巴恩赫姆》（Minna von Barnhelm）和歌德的自传《诗与真》。这些德语书籍给我带来了无以复加的喜悦，尤其是席勒美妙的抒情诗、记述腓特烈大帝丰功伟绩的历史和歌德的生平。读完《哈尔茨山游记》我倍感留恋——全书连珠妙语，生动描述了那覆满藤萝的山丘、阳光下歌唱并泛起涟漪的小溪、被风俗和传奇奉为神圣的荒蛮之地、那尘封已久的神话时代的三女巫（gray sisters），只有一个对大自然"有感、有爱、有情趣"的人才能做出这样的描述。

那一年，吉尔曼先生教了我一阵英国文学。我们一起阅读了莎士比亚的《皆大欢喜》、柏克《论与美洲和解的演讲》和麦考莱的《塞缪尔·约翰逊传》[1]。吉尔曼先生的文史造诣和他睿智的解说使我的学习更轻松有趣，远胜于机械地阅读注脚和听堂上的简要讲解。

柏克的演说比我读过的任何关于政治课题的书都更具启发性。我的心时刻被时局和人物牵动，牵涉两个敌对国家命运的核心人物仿佛就在我眼前演绎开去。我倍感好奇的是，当柏克的慷慨陈词、鸿篇演说以排山倒海之势层层推进时，乔治三世和他大臣们怎么会对柏克发出的警示性预言——胜利属于美国、英国必将蒙羞——充耳不闻呢。当我了解到一切错综复杂的关系，得知这位伟大的政治家如何挺身而出在政党和下议院议员之间周旋时，我又陷入了忧郁。让我感到不可思议的是，如此宝贵的真理与智慧的种子，怎么会落入无知与腐败的稗子堆中呢？

1　Life of Samuel Johnson by Thomas Babington Macaulay.

麦考莱的《塞缪尔·约翰逊传》却是另一番风味。我的心一直追随这位踽踽独行的人，塞缪尔·约翰逊饱尝勒布街（Grub Street）的贫寒辛酸，他的肉体与灵魂饱受煎熬，但即便如此，他仍向穷苦和卑微的人嘘寒问暖，施以援手。我因他的成功而欢欣鼓舞，对他的过错一概无视，让我感到惊异的并不是连他也会失足，而是一切挫折都没能击垮或挫折他的气概。尽管麦考莱才华横溢，能化腐朽为神奇，但他的过分推崇（positiveness）却令我不时生厌，他为求效果不惜牺牲真相的惯用伎俩让我常常将信将疑，不像我听"大不列颠的狄摩西尼"[1]演说时那么心悦诚服。

在剑桥女子学校期间，我有生以来第一次感受到了与年龄相仿而耳聪目明的女孩子们相伴的乐趣。我与其他几个女生同住在学校辖下的一所舒适的房子里，豪威尔斯先生（Mr. Howells）也曾在此居住。我们享受上了家庭生活的便利。我还加入到她们的许多游戏之中，甚至包括捉迷藏和打雪仗；我们一起散步聊天，一起讨论功课，一起大声朗读我们感兴趣的文章。有些女孩子学会了如何跟我交谈，这样一来苏立文老师便无须重复她们的话了。

母亲与妹妹前来陪我过了圣诞。吉尔曼先生非常关照，提议让米尔德莱德来他学校就读。这样一来，米尔德莱德就跟我留在了剑桥女子学校。在那快乐的6个月中，我们形影不离。让我最开心的莫过于回忆起我跟她那段在学习上互助、相伴一同嬉戏的时光。

1897年6月29日至7月3日，我参加了拉德克利夫学院的初试。我选考的科目有初级德语和高级德语，法语、拉丁语和英语以及

---

1 狄摩西尼（Demosthenes，384－322 BC），古希腊最伟大的政治家、演说家和雄辩家，希腊联军统帅。

约翰逊博士

希腊罗马史，总共9个小时[1]。我通过了每一门考试，德语和英语得了"优秀"。

或许有必要在此对当时考试的方法稍作解释。考生必须考16个小时——12个小时初级，4个小时高级。考生必须一次考5个小时，才能记成绩。哈佛大学9点钟发放考卷，由专人将考卷送到拉德克利夫学院。考生答题只写考号不写姓名，我的考号是233，但因为我不得不用打字机来作答，所以我的身份就无法保密了。

我被安排在一个房间里单独考试，以免打字机的声响影响其他考生。吉尔曼先生用手语字母表为我读出所有试题；另外还有人在门外看守以免打扰。

第一天考的是德语。吉尔曼先生坐在我身旁，先把考卷为我通读一遍，然后逐句重复，之后我再大声复述，以确保理解无误。试题很难，我在打字机上答题时焦躁不堪。吉尔曼先生将我打出来的内容拼读给我，我在必要处加以修改，他再帮我把更正内容插入答卷中。我得声明，在此后任何考试中我都没再享受过这样的优待。在拉德克利夫学院，作答完毕后便没人再为我回读了。而且除非我能提前完成，否则便没有机会更正错误。即便提前完成，我也只能利用剩下的几分钟时间，修改我所能回忆起的错误，并在考卷末尾补注说明。如果说我初试成绩比复试好的话，那么原因有二。其一，在复试时，没人为我回读答卷；其二，在初试中，我选报的科目有好些我在读剑桥女子学校之前就已经比较熟悉，因为在学年之初我就已通过了英语、历史、法语

---

1 经哈佛大学拉德克利夫学院查询史料证实，高级德语、拉丁语和英语各两小时，初级德语、初级法语和历史各一个小时，总共9小时。

和德语的考试，试题是吉尔曼先生给我的往届哈佛考题。

吉尔曼先生将我的答卷交给考官并附上证明：我，第233号考生，独立完成所有试题。

其他的初试也是以同样方式完成的，不过都没有第一场难。我还记得当拉丁语考卷发下来的时候，席灵教授走过来告诉我德语已经通过而且成绩理想，这一喜讯让我大受鼓舞，心不慌、手不抖，顺利完成了剩下的考验。

第十九章

我在吉尔曼的学校的第二学年，开始时满怀希望，志在必得。但是开学头几周里，我就遭遇了不曾预见的难题。吉尔曼先生认为我这一年应该主攻数学。我修了物理、代数、几何、天文、希腊语和拉丁语。不幸的是，许多我需要的课本都没能及时凸印，让我无法上课，我也缺乏某些学科所需的重要的仪器。我上的课都是大班授课，老师无法为我提供特殊辅导。苏立文老师不得不既为我阅读书本，又帮我传译老师的授课内容。11年来，苏立文老师那温存的手第一次显得有些招架不住。

我需要在课堂上写代数、几何，解物理题，但这些都无法进行，直至买到布莱叶盲文打字机，我才能记下答题步骤和解题过程。我无法用眼睛看到黑板上的几何图形，用末端带弯钩的直铁丝和弯铁丝把图形在垫子上做出来是唯一的办法。正如基斯先生在报告[1]中所说，我不得不在脑中记住图形的表示符号、假设和结论，推导（construction）和论证过程。简言之，每门学科都困难重重。有时候我彻底心灰意冷，背弃自己的情感，想起来都羞愧，我竟借题发挥，将我的种种不如意怪罪到苏立文老师头

1　默顿·基斯（Merton A. Keith）于1899年发表报告《入学最终准备》（ "Final Preparation For College" ），该报告记述了他辅导海伦的方法与经过。

上——向我所有亲切的朋友中唯一一个能化曲为直，让逆境变坦途的人发火。

一点一点，我的难题开始得到解决。凸印书本和其他设备都到位了，我再一次重拾信心投入学习。代数和几何是仅有的两门我无论如何努力都无法理解的课程。正如我之前所说，我原本就缺乏数学天分；老师的讲解也没有我想象中的透彻。几何图形尤其恼人，因为我无法直观看到不同部分之间的关系，即便用垫子做出来也不行。直到基斯先生给我授课，我才开始对数学有了清晰的认识。

正当我开始克服诸般难题时，发生了一件事情，一切随之改变。

就在书本快要到位的时候，吉尔曼先生开始责备苏立文老师，原因是我学得太辛苦了，尽管我一力反对，他还是减少了我的背诵次数。起初我们认为，如有必要，我应当花上5年时间来做预科准备，但是第一学年末，我以优异的成绩向苏立文老师、哈博女士（吉尔曼先生聘请的教务长）和另一位老师证明，不必焚膏继晷，我只需再花两年时间就可以完成预备阶段。吉尔曼先生一开始也同意了；但当我的课业变得有些棘手之后，他就坚称我的学习超负荷了，认为我应该在他的学校再读3年。他的这一计划让我很不乐意，因为我想跟我的班级一起升学。

11月17日，我因身体不适没有去上学。苏立文老师了解我只是有点小恙，饶是如此，吉尔曼先生一听闻就断言我是累垮了，对我的学习安排作了调整，如此一来，要跟同学一起参加复试就变得不可能了。最后，吉尔曼先生和苏立文老师之间存在重大分歧，导致母亲让我和米尔德莱德从剑桥女子学校退学。

耽搁了一段时日后，经过安排我将跟随私人教师继续学业，教我的正是剑桥女子学校的默顿·基斯先生。苏立文老师和我与友人张伯伦一家在离波士顿25英里的伦瑟姆度过了余下的冬日。

1898年2月到7月，基斯先生每周到伦瑟姆来两次，给我讲授代数、几何、希腊语和拉丁语，苏立文老师为我传译他的授课内容。

1898年10月，我们回到了波士顿。一连8个月，基斯先生一周给我上五次课，每次约一个小时。每节课，他都给我解释上节课中我所不理解的内容，布置新作业，把我在上周用打字机做完的希腊语作业带回家仔细批改，然后再交还给我。

就这样我的大学备考得以继续，没有中断。我觉得单独授课比起课堂听讲要容易且舒服多了，既不会仓促又不感迷惑。老师有充足的时间来为我答疑，所以我比在校学习进度更快也更富成效。我仍然觉得学习数学比其他任何科目都要吃力，要是学习代数和几何能有语言和文学的一半容易就好了。但是连数学都因基斯先生而妙趣横生，他抽丝剥茧让我的大脑能一点一点加以消化。他使我的头脑机敏而好学，训练我的心智作清晰的推理，冷静而有逻辑地作出结论，而不再是天马行空最后一头雾水。不论我有多么愚钝，他总是那样温柔而宽厚，说实在的，我的迟钝足以让约伯（Job）气急败坏。

1899年6月29日和30日，我参加了拉德克利夫学院的复试。第一天我考了初级希腊语和高级拉丁语，第二天我考了几何、代数和高级希腊语。

校方不允许苏立文老师为我读考卷，因此帕金斯学院的讲师尤金·文宁先生（Mr. Eugene C. Vining）受雇前来为我用美式

左手书，右手狗

布莱叶文誊写试卷。我与文宁先生素未谋面，除了手写布莱叶文之外，我们无法交流。来监考的也是一名陌生人，且无意与我沟通。

在语言方面，布莱叶文通达无碍，但是一用到几何和代数上就难题丛生。我万分沮丧，浪费了许多宝贵时间——尤其是在代数上——之后，我更是灰心丧气。诚然，我对美国常用的各种字母布莱叶文——英式、美式和纽约式（New York Point）都了如指掌；但是这三个体系中的几何与代数的标志符号却大相径庭，我之前在代数上只用过英式的布莱叶文。

距考试还有两天的时候，文宁先生给我寄了一份布莱叶文版的哈佛往届代数试题。试题用的竟是美式记法，这让我惊愕不已。我立刻坐下来给文宁先生写信，请他为我解释这些记号。回信中我收到了另一份试题和一个记法表，我就振作起来开始学习这种记法。在代数考试的前一晚，我还在为一些异常复杂的例题焦头烂额，中括号、大括号和根号一旦混用我就区分不出。基斯先生和我都一筹莫展，认为第二天考试凶多吉少；好在我们第二天在开考前赶到学院，请文宁先生更详尽地解释了一下美式符号。

在几何方面，我的主要难题是我一直习惯于阅读逐行印刷的命题，或者让人为我把题目拼读到手里；因此，尽管命题就在面前，我却一下子不能适应这种盲文排列，简直不知所云。然而考代数时，我又遇到了更大的麻烦。我新近学会、自以为掌握的记法让我糊涂了。况且我无法看到自己在打字机上打出的内容。我从来都是用布莱叶文或者在头脑中直接解题。基斯先生过于注重我解题的思维能力，而没有训练我的书写答题能力。结果是我解题慢得让人难过，我不得不反复阅读例题来试图理解题目要求。

我连自己是否正确理解符号都无从确定，实在难以集中精力。

　　但我并不埋怨任何人。拉德克利夫学院的董事会没有意识到他们为我的考试平添了多少难度，他们也无法理解我有多少特殊难题需要克服，但如果说他们不经意间在我的路上设下了诸多障碍的话，足资慰藉的是，这些障碍我都一一克服了。

第二十章

为入学而做的奋斗终于告一段落，现在我可以随时进入拉德克利夫学院就读了。不过大家认为，我最好还是在入学之前跟着基斯先生再学一年。因此，到了1900年秋，我才真正圆梦哈佛。

至今犹记我在拉德克利夫学院的第一天，那一天对我来说充满乐趣。那一天我已经盼望多年了。一股强大的驱动力驱策着我，比朋友的劝谏更有力，比内心的恳求更强烈，让我以耳聪目明之人的标准来考验我的力量。我深知前路困难重重，但我勇于一一克服。那位睿智罗马人的话我一直记在心上："被逐出罗马，不过是生活在罗马之外而已。"被排斥在知识的康庄大道以外，我被迫要走不寻常的乡野小径，不过如此；我知道在大学里也有各种小路，在路上我的手会触摸到那些像我一样有思、有爱、有奋斗的女孩。

我满怀热忱投入学习。一个光和美的新世界正在我眼前展开，我感到自己有能力探寻一切。在思维的仙境里，我跟别人同等自由。此间的人物、景致、举止和悲喜都是真实世界活生生的可触可感的译者。讲堂里仿佛处处是伟人和智者的英灵，教授们在我看来是智慧的化身。即便我事后发现并非如此，我也不打算告诉任何人。

不过我很快就发现，大学并不全然是我想象中浪漫的吕克昂学园（lyceum）。让年幼无知的我怦然心动的许多梦境，褪去了几分美，"渐渐在平凡日子的阳光下消逝"。我慢慢发现上大学也有不如意之处。

让我感触最深的是时间不足，我现在仍这样觉得。我过去有时间可以思考，可以反思。我的身与心过去常常在傍晚并肩而坐，倾听心灵的内在旋律——这是只有在闲暇时分，当你钟爱的诗人的词句叩问你平静的灵魂、打动你沉寂的心弦时，你才能听到的旋律。但是上了大学竟没有时间与自己的思想沟通了。仿佛人们读大学只为学习，不为思考。当人迈进学问之门后，就把最宝贵的乐趣——独处、阅读和想象力，连同那窃窃私语的松树一同拒之门外。或许我应该感到安慰，因为我此刻是在累积宝藏以图将来享用；但我实在不是一个高瞻远瞩的人，我宁可现在享受而不愿囤积财富为日后打算。

我第一年修的学科有法语、德语、历史、英语写作和英国文学。在法语课上我读了高乃依（Corneille）、莫里哀、拉辛、阿尔弗雷特·德·缪塞（Alfred de Musset）和圣伯夫（Sainte-Beuve）的好些作品，在德语课上我读了歌德和席勒的作品。我快速重温了一遍从罗马帝国衰亡到18世纪的整段历史，我还在英国文学课上批判性地研读了弥尔顿的诗歌和他的《论出版自由》（Aeropagitica）。

人们常常问我如何克服种种困难，在大学里读书学习。当然，在课室里，我形同独处，教授遥不可及，如同在电话的另一头。讲课内容都是飞快地拼读到我手里的，授课老师的个人风格很大程度

Alfred de Musset.

阿尔弗雷特·德·缪塞

上就在这紧赶慢赶中流失了。字句在我手上匆匆流过，就像猎犬在追逐扑朔迷离的野兔。不过就这方面来说，我不觉得那些记笔记的女孩子要比我好到哪里去。如果心思被边听讲边速记这一机械过程占据，我并不认为谁还有暇顾及当时的主题及其呈现方式。我无法在课上记笔记，因为我的手忙于听讲。通常在回家后，我会记下我所记得的内容。我在打字机上做练习、每日练笔、评论、小测、期中和期末考试。当我开始学习拉丁语诗学后，我向教授解释了我所设计的一套符号体系来标记韵律和音节。

我用的是哈默德（Hammond）打字机。尝试过多种打字机后，我发现哈默德最符合我的特殊需要。这种打字机可以使用活动梭子，有几套梭子可供选用，每套梭子对应不同的字符——希腊语、法语或数学符号，可以根据需要随意换用。要不是这台打字机，我都怀疑自己能否上得了大学。

各门课程的指定用书中，极少盲文版本的，因此我不得不让人将内容拼读到我手上。如此一来，比起其他女生，我需要花更多的时间来预习功课。动手部分更花时间，我还有别人没有的种种烦恼。有些时候，我因为不得不抠细节而烦躁不已，一想到我必须花个把小时来阅读几个章节，而外面的世界里女孩子们却在欢声笑语、莺歌燕舞，我就心生叛逆；但我很快就平复心态，一笑置之。因为毕竟每一个追求真知的人都必须独自攀越艰难山[1]，登顶之路没有大道通衢，我必须以自己的方式迂回前行。我滑坡过，失足过，也止步过，处处碰壁举步维艰；我情绪失控过，就再拾掇

1　艰难山（Hill Difficulty）出自班扬的《天路历程》（The Pilgrim's Progress）。

哈默德打字机

心情，学会收束心性，继续跋涉，每每有所得便受到鼓舞，越发渴望往高处攀登，终于开始看到愈加开阔的地平线。节节胜利，再努一把力，我就能触摸到灿烂的云端，企及那蓝色的天际，登上我渴望的高地。然而，我并不总是孤身奋战。威廉·韦德先生（Mr. William Wade）和宾夕法尼亚盲人教育学院的院长艾伦先生（Mr. E. E. Allen）为我提供了许多我所需要的凸印书籍。他们的体贴关怀对我的帮助之大，恐怕他们自己都始料未及。

去年，亦即我在拉德克利夫学院的第二年，我学习了英语写作、英国文学的《圣经》部分、欧美政治体制、贺拉斯的颂歌和拉丁文喜剧。写作课是最让我欢喜的，课堂非常活跃，讲座妙趣横生，诙谐机智；授课老师查尔斯·汤森·科普兰（Charles Townsend Copeland）先生，比这一年给我上过课的所有老师都更能带出文学原本的鲜活与感染力。在短短的一小时内，不需无谓的诠释与讲解，你便可吸收到大师巨匠留下的永恒之美；醉心于他们的精妙思想之中。你用全部的灵魂来享受《旧约》的暮鼓晨钟而忘却了雅威（Jahweh）和耶洛因[1]（Elohim）的存在，回到家中，感觉自己已"一窥灵与肉永世和谐之完美，真与美在时间古老的脉络上又获新生"。

这是我最欢喜的一年，因为我学习的是我尤为感兴趣的科目：经济学、伊丽莎白时期文学、乔治·莱曼·基特里奇[2]教授主

---

1 犹太人因传统缘故，神的名字只记作ＹＨＷＨ四个辅音，为四字神名（tetragrammaton），在添加元音还原读音时出现了雅威（Jahweh）和耶和华（Jehovah）的区分；耶洛因（Elohim）又译以罗欣。一说雅威和耶洛因都是希伯来语中对神的描述性称谓。

2 乔治·莱曼·基特里奇（George L. Kittredge，1860–1941）：美国学者，以其关于乔叟和莎士比亚作品的专门知识而著名。

讲的莎士比亚和乔西亚·罗伊斯（Josiah Royce）教授主讲的哲学史。取道哲学，人们可以怀着同理心走进年代久远的种种传统和其他思维模式，而片刻之前这些可能还看似陌生且荒谬。

　　然而大学却并非我想象中的雅典学园（universal Athens）。在这里并不能与伟人或智者面对面，甚至无法感受到他们的存在。不错，他们的确在这里，但却已被封存为木乃伊。我们必须从学识之墙的裂缝中将他们掘出并加以剖析之后，方能确认我们眼前是真正的弥尔顿或以赛亚（Isaiah）而非赝品。在我看来，似乎许多学者都忘记了一点，即文学名著给人带来的乐趣更大程度上取决于人的带入能力，而非理解能力。问题就在于，他们大费周章的解说往往让人过目即忘。大脑将其忘却，就像熟透的水果从枝头落下。很可能对根、茎、花和其他一切都了解得透彻，乃至于对生长发育也一清二楚，却不知欣赏新浴天堂雨露的鲜花。我一遍又一遍焦躁地问自己："何必去理会这些解释和假说？"它们在我的脑中四处乱飞，就像失明的鸟儿徒劳地拍打翅膀。我并不反对透彻了解我们阅读的名著。我只是反对那没完没了的注释和乱人耳目的文学批评，它们都只说明了一点：世上有多少人，就有多少种见解。然而，当基特里奇教授这样的大学者诠释巨匠莎翁的话语时，就"仿佛让盲人重见了光明"。他让莎士比亚转世重生。

　　有时候，我渴望能将课业量减半，因为课税过重的头脑无法享用这些付出极大代价换来的宝藏。一天之内读四五本主题各异的外语书，还能不迷失阅读的目的，这在我看来是绝对无法办到的。如果一个人紧张匆促地阅读，心里只有测验和考试，他的脑中就只会充斥着东鳞西爪百无一用的花哨玩意儿。现在我的脑中就杂乱无章，我已不指望能理清头绪了。每每走进我的思想王国，我就感觉像蛮牛闯进了瓷器店。无数星星点点的知识就像冰雹一样往我的头上砸来，而我试图躲避的时候，学业上的诸般妖孽又穷追不舍，我简直想要——但愿我这个邪恶念头能得到宽恕——我简直想要把我顶礼膜拜的偶像统统砸碎。

不过考试才是我大学生活中的大魔头。尽管我多次跟它们正面交锋，把它们打得倒地不起，但它们却总是阴魂不散，一脸惨白，再次反扑，直到我像谢立丹笔下的鲍勃·阿克尔斯（Bob Acres）一样"感到勇气顺着指尖一点一点散尽"[1]。磨难来临前的日子我都花在死记硬背上了，诡秘莫测的公式和难以下咽的年谱——让人倒足胃口，最后恨不得将自己连同书本和科学一起葬身海底，一死了之。

恐怖的时刻终于来临。如果你有备而来，且大脑在关键时刻听凭差遣、鼎力相助，那你就真是受上天眷顾了。往往是你号角一响，四下里却无人听命。最困惑最恼人的莫过于你最依赖记忆力和判断力的时候，他们恰恰不翼而飞。你煞费苦心记在脑中的史实资料总在紧要关头辜负于你。

"请简要介绍胡斯（Huss）生平和他的作品"，胡斯？何许人也？这名字倒是眼熟得很。于是你搜索枯肠，就像从破布袋里寻一缕丝绸一样翻遍自己的历史库存。你确信这本是一想就能出来的——那天你查宗教改革起源时还见到过它。不过这会儿它又上哪儿去了呢？你把周边零星知识都过了一遍——宗教革命、教会分

1　出自谢立丹（Richard Brinsley Sheridan）的作品《情敌》（The Rivals）。

胡斯被判处火刑

裂、大屠杀和政治体制，巨细靡遗；然而胡斯呢，他人在何方？你会万分惊诧，除了考题之外，你仿佛什么都懂。情急之下，你只好抄起你的百宝箱，把内里悉数倒出，这才发现那人却在角落里独自默坐，若有所思，全然不知道你大难临头正是拜他所赐。

在此当口，考官通知时间到。不堪其烦，你把这堆垃圾往角落里一踢，起身走人，一心只想策动革命，将教授们不经学生许可便可擅自出题的天赋特权从此废除。

我自知这一章的最后两三页里，我用的好些比喻可能反而会让我沦为笑柄。正说着就来了——这些杂糅的比喻在我面前冷嘲热讽，高视阔步，指着我——瓷器店那头被冰雹和脸色煞白的恶鬼（bugbear）夹击的蛮牛，称我为愚顽的蠢物！让它们尽管笑去吧。这些词语如此恰切地描述了我的处境——在拥挤的观点中磕磕碰碰，我会对这些妖魔鬼怪眨一下眼，然后一本正经地说我对大学已然改观。

当拉德克利夫岁月仍在遥想中时，它笼罩着一圈浪漫的光晕，如今已经失却了；但是从浪漫到现实的过渡中，我所获甚丰，这些都是非躬行践履而不可得的。耐心这一宝贵的学问就是其中之一，它教导我们将教育视作乡村漫步，悠然自得，悦纳万物。知识便伴着深邃思想悄无声息的潮汐，充盈人们看不见的灵魂。"知识就是力量。"倒不如说，知识就是快乐，因为求取真知——广博而精深的知识，即是辨别真伪，去芜存菁。了解标志人类进步的思想和事迹，即是感受千百年来人类的伟大脉搏，如果在这搏动中触摸不到那种向天国而去的奋进，那这个人必定是对生命的和声充耳不闻。

第二十一章

　　至此，我已大致勾勒出了我的生平，但我还不曾告诉大家我有多离不开书本——不仅出于乐趣，不仅为了从阅读中汲取智慧，更是为了获取常人通过眼睛和耳朵便能得到的知识。诚然如是，在我的教育中，书籍的意义远比对其他人而言要大，因此，我要从刚开始读书之日讲起。

　　1887年5月，我第一次阅读完整故事，当时我7岁。自此一发不可收拾，我如饥似渴地阅读一切印刷纸张，指尖所及概不放过。正如之前所说，在我教育的头几年，我的学习没有规律，读书也不讲章法。

　　起初我只有几本凸印的书——面向初学者的《读者》（少儿故事集），和一本名为《我们的世界》的介绍地球的书。大致就这些了，但我翻来覆去地读，直到凸印字体磨损到无法辨认。有时候苏立文老师给我读书，把适合我理解程度的小故事和诗歌拼读到我手里。但比起听人读书，我更喜欢自己阅读，因为这样可以把喜欢的内容一读再读。

　　真正开始郑重其事地阅读，是在我初次造访波士顿期间。经批准，我可以每天在学院图书馆里待上一段时间，流连于书架之间，摸到什么书就信手取下。无论是十个单词只学过一个，还是整整一页里只认得两个，我都照读不误。单词本身就足以让我着迷；对于阅读内容我却全然不计。想必那个时期，我的大脑的可塑性（impressionable）极强，因为我记住了许多单词和成句，却全然不解其意；后来，当我开始说话和写作之后，这些词句就自然而然在我脑中闪现，以至于我的朋友们都惊诧于我辞藻之丰富，想必是因为我以这种不求甚解的方式读过好些书的章节（在早期岁月里，我恐怕没有卒读过一本书）和大量诗歌，直到我发现《小公子》（Little Lord Fauntleroy）一书——这是我在理解之上阅读的第一本有一定分量的书。

有一天，老师发现我在图书馆的一角默默地读《红字》。当时我大概8岁。我记得她问我是否喜欢书里的珠儿[1]，还给我解释了好些生词。然后，她告诉我有一个关于一名男孩的美妙故事，一定比《红字》更合我意。这个故事便是《小公子》，她答应夏天一到就给我念，不过到了8月我们才开始读这本书；在海滨生活的头几个星期里有太多的新奇与发现，我全然忘记了书本的存在。之后老师又去了波士顿访旧，与我暂别。

当她回来后，我们做的第一件事情就是开始阅读《小公子》。这部少儿故事引人入胜，阅读头几章时的时间和地点我都还记得一清二楚。那是8月的一个温暖的午后，我们坐在一张吊床上，床就拴在离家不远处的两棵大松树之间。午饭后，我们赶紧把碗碟洗好，争取下午有更多的时间来读故事。我们快步穿过没膝的草丛朝着吊床走，惊起的蚱蜢蜂拥而至，纷纷挂在我们的

1　霍桑《红字》（The Scarlet Letter）中女主角海丝特·白兰的私生女。

海伦在阅读布莱叶盲文

衣服上，我记得老师坚持要把蚱蜢从身上摘掉才让坐下，我当时觉得这是无谓的浪费时间。吊床上落满了松针，因为老师离开后吊床一直无人问津。暖阳照在松间，带出了松脂的芬芳。沁人心脾的空气中带有几分海的气味。开始阅读之前，苏立文老师提前给我交代了好些我理解程度之外的内容，之后也边读边给我讲解生词。起初生词很多，阅读不时中断；但是很快，当我完全进入故事情境后，被情节深深吸引，就不再拘泥于字词了，恐怕后来听苏立文老师讲解必要单词时都有些不耐烦了。当她的手指筋疲力尽，再也拼不出一个单词时，我第一次深刻感受到了身体的缺憾。我把书握在手里，试图去触摸上面的字，当时那种渴望之炽烈今生难忘。

后来，在我的恳切要求下，阿纳诺斯先生请人制作了凸印本，我一读再读，几乎烂熟于心；我的童年岁月里，《小公子》一直是我的温馨伙伴。我浓墨重彩地记述这些细节，全不顾惹人腻烦，是因为它们与我早年阅读云里雾里、迷惑不清的记忆有着鲜明反差。

追溯起来，我对书本真正发生兴趣，始于《小公子》。此后两年，我在家和在波士顿逗留期间又读了许多书。我都记不清是哪些书了，也记不清孰先孰后了；不过我记得其中有《希腊英雄》、拉封丹的《寓言》、霍桑的《奇书》、《圣经故事》、兰姆的《莎氏乐府本事》[1]、狄更斯《写给孩子们看的英国史》、

1　Lamb's Tales from Shakespeare，由林纾译成中文并取名《莎氏乐府本事》，后有萧乾的译本，名为《莎士比亚戏剧故事集》。

《天方夜谭》、《海角乐园》[1]、《天路历程》、《鲁滨孙漂流记》、《小妇人》，还有《海蒂》[2]这篇优美的故事，我后来还读了它的德语版。我是在学习之余、游戏之后读的这些书，越发乐在其中。我并不对这些书加以分析或研究——我当时并不知道这些作品孰优孰劣，也从未考虑过风格如何或是出自何人手笔。它们就把宝藏堆放在我脚边，我就像接受阳光和友爱一样接受了它们。我喜爱《小妇人》，因为它让我和耳聪目明的男孩女孩有了几分亲近。我的人生处处被画地为牢，因此我必须从书本之中找寻自己小天地之外的大世界。

我对《天路历程》和《寓言》没什么特别喜好，前者我似乎都未曾通读。拉封丹的《寓言》我先读了英文译本，只是草草读罢。之后我又重读了法语原本，我发现尽管文字画面形象，语言出彩，我却并未因此多喜欢它几分。不知为何，对于动物说人话做人事的这类作品，我从不感冒。我满脑子只有动物经漫画处理后的滑稽可笑，而完全无心故事寓意。

其次，拉封丹极少能触动我们最高的道德感知，他充其量不过是在理性和自爱上打动人。贯穿全部寓言的思想不外是人的道德完全源于自爱，如果自爱能得到理性的引导和约束，幸福就不在话下了。而依我个人判断，自爱恰是众恶之根源；当然，我也许是错了，毕竟拉封丹观察人性的机会怕是比我这一生都要多。我倒不是反对冷嘲热讽、愤世嫉俗的寓言故事，我只是看不惯猴

---

1 The Swiss Family Robinson by Johann David Wyss.
2 Heidi's Years of Wandering and Learning by Johanna Spyri.

《原野中的圣母子》｜木板油画｜意大利｜拉斐尔

子和狐狸讲大道理。

但我非常喜爱《丛林故事》[1]和《我所知道的野生动物》[2]。我打心底对动物感兴趣，因为它们是真真实实的动物，而不是对人类的滑稽戏仿。我们能体会它们的爱恨情仇，为它们的喜剧欢笑，为它们的悲剧泪垂。如果说这些也暗含寓意的话，只怕是太过高妙、不着痕迹，以至于难以察觉了。

我对古文明心驰神往。希腊、古希腊对我有着谜一样的诱惑。在我的想象中，异教的神明仍行走世间，与人类面对面交谈，我在心里悄悄筑起神坛来供奉我最钟爱的神明。我熟识且喜爱所有山林水泽间的宁芙女神（nymphs）、英雄和半人半神——不，并非全部，美狄亚和伊阿宋残暴贪婪，罪不容恕。我常常思索，诸神为何先放纵他们行不义之事，而后才因其罪恶而施加惩罚。谜团至今未解。我常想"上帝岂能默不作声，任罪孽狞笑着悄然爬过他时间的圣殿[3]。"

是《伊利亚特》（Iliad）让古希腊成了我的天堂。阅读原著之前，我对特洛伊的故事就已经了然于心，因此跨越了语法的边境后，我轻而易举就让希腊文字拱手献出了它的瑰宝。伟大的诗歌，无论是用希腊语还是英语写成，不消他人译介，一颗敏感的心便已足够。多少好事之徒横加分析、妄加揣测、繁琐注释，让诗人的大作变得面目可憎，要是他们能明白这个朴素的真理就

1　The Jungle Book by Rudyard Kipling.

2　Wild Animals I Have Known by Ernest Thompson Seton.

3　"If I do ask, How God can dumbness keep/ While Sin creeps grinning through His house of Time，"出自西德尼·拉尼尔的《致谢》（Acknowledgment by Sidney Lanier）第三节。

《希腊众英雄》 ｜ 提希本

好了！理解和玩味一首好诗，大可不必字字推敲，斟酌词法[1]、句法。我知道博学的教授们能从《伊利亚特》中发掘出更多的宝藏，非我所能及，但我并不贪求。我并不会因别人比我睿智而心有不甘。然而任他们学识再广博再精深，他们都无法衡量这恢弘史诗给他们带来的乐趣，我自然也不行。当我读到《伊利亚特》最美妙的章节时，我感到一种灵识（soul-sense）将我从生命狭隘而钳束的境地中超脱出来，忘却了肉体的局限——我的天地在上方，浩瀚苍穹任我翱翔。

我并不特别推崇《埃涅阿斯纪》[2]，但却是真心喜爱。我尽可能不看注释不查辞书自行阅读，遇到尤为喜欢的章节时总爱亲自翻译一下。维吉尔的文字描摹时有出彩之处，但是在他笔下，穿梭于激情、纠纷、怜悯和情爱场景中的神也罢人也罢，都像是戴着伊丽莎白宫廷假面的风雅之士，而《伊利亚特》中的诸神和凡人却就地三跳，纵情高歌。维吉尔沉静而动人，就像月光下的阿波罗大理石雕；荷马则是翩翩美少年，头顶烈日秀发迎风飘扬。

若能用纸做的翅膀飞翔，该有多么轻巧！[3]从《希腊英雄》到《伊利亚特》绝非一朝一夕能抵，沿途更谈不上舒适惬意。别人都能环游世界[4]好几回了，我却还拖着疲惫的步子在语法和辞书的

---

1 原文"give it its principal parts"即将动词依时态语态作动词变位。

2 维吉尔的《埃涅阿斯纪》（Aeneid by Virgil）。

3 译注："How easy it is to fly on paper wings." 1960年海伦·凯勒为《周六晚间邮报》（杂志）代言，乔治·汉密尔（George Hamill）为她拍的照片配上书中的这句话成了某一期的整版广告。纸做的翅膀出自希腊神话，传说伊卡洛斯（Icarus）用蜡和纸（一说羽毛）做翅膀，飞离克里特岛。飞行中，他忘记了父亲代达罗斯"切莫飞得太高"的忠告，双翼上的蜡被太阳融化，跌入海中丧生，所葬海岛后来被命名为伊卡洛斯以纪念之。

4 个别版本作"word"，疑为别字。

《哀悼伊卡洛斯》│德拉裴·赫伯特·詹姆斯

迷宫里兜兜转转，或者跌入重重陷阱，美其名曰考试，正是大专院校设下这些陷阱来迷惑求取真知的人。我以为，这样一番"天路历程"单凭结果论成败，对我而言这过程却是漫无尽头，尽管峰回路转处也不时会有惊喜。

早在我还无法理解的时候，我就开始阅读《圣经》了。现在回头看，反倒惊讶于我的心灵曾对这奇妙的和声充耳不闻；我清楚地记得在一个多雨的周日早晨，我百无聊赖，就央求我的表姐给我念一段圣经故事。尽管她并不认为我能理解，但她还是开始把约瑟和弟兄[1]的故事拼读到了我手里。不知何故，我就是提不起兴致。生僻的语言和前后重复让故事显得不真实，更何况还发生在遥远的迦南。还没等约瑟的兄弟拿着血染的彩衣走进雅各的帐篷里撒下弥天大谎，我就已经恍恍惚惚进入梦乡[2]了。我不理解为何希腊故事对我魅力无穷，而圣经故事却乏味得很，要说也只能是因为我在波士顿结识了几个希腊朋友，他们对希腊故事的热情感染了我；而我却不曾遇到过一个希伯来人或埃及人，因此轻下结论，以为他们都不过是未开化的野蛮人，他们的故事大抵都是编造出来的，这样一来《圣经》故事前后重复，人名诘屈聱牙就说得通了。有意思的是，我竟从来不嫌希腊的父系命名体系[3]"诘屈聱牙"。

1　《创世记》第37章到第45章。

2　"Land of Nod"语出《创世记》第4章第16节，"伊甸东边挪得之地"（希伯来语中的"漂泊之地"），英译"Nod"恰有"打盹"之意，故"挪得之地"又被戏作"睡梦之乡"。

3　父系命名（patronymics），即在父辈的名字后加上词尾"–son"或"–sen"构成新的名字。比如约翰（John）之子取名约翰逊（Johnson），彼得（Peter）之子取名彼得逊（Peterson）。

该如何描述我后来在《圣经》里发现的光辉呢？这些年来，我读《圣经》越发感到愉悦和受启迪，爱之胜于其他任何书籍。但《圣经》里的好些内容我还是本能地抵触，无法接受，以至于竟后悔通读了全书，虽然这很有必要。我也并不认为我从书中汲取的历史典故，能算作对勉为我难的描述的补偿。就我而言，我还是认同豪威尔斯先生（Mr. Howells），昔日文学作品中的丑恶与野蛮应该被荡涤干净，尽管我抵制对这些伟大作品的弱化和歪曲。

《以斯帖记》的简约和直白既有动人之处，又有骇人之处。还有什么比以斯帖站在邪恶的君主面前那一幕更富戏剧性的呢？她知道自己命悬他手，无人能庇护她免于君王的暴怒。然而，战胜了女性的怯懦后，在最高尚的爱国情操的鼓舞下，她走近他，心中只有一个想法：“我若死则死；若活，则子民皆活。”

还有路得（Ruth）的故事——多么具有东方的异域风情！乡民的朴素生活跟波斯首都书珊城的宫廷生活又是何其不同！路得如此忠诚、善良，看着她站在此起彼伏的麦浪中，跟在收割的人身后[1]，我们会情不自禁对她心生爱慕。她那美好而无私的心灵，在那昏暗残忍的岁月里，就像是黑夜里的一颗明星。路得之爱超越了水火不容的教义冲突和根深蒂固的种族偏见，世间罕有。

《圣经》给了我一种深刻的慰藉：“看得见的转瞬即逝，看不见的亘古长存。”

自从有能力热爱读书之后，我便没有一日不爱莎士比亚。我说不清具体是哪天开始读兰姆的《莎氏乐府本事》；但我知道，

1　《路得记》第2章第3节“路得就去了，来到田间，在收割的人身后拾取麦穗。”

《拾麦穗的路得》｜法国｜海兹

我是凭着孩童的理解，带着孩童的惊奇初次阅读这本书的。最打动我的是《麦克白》。读过一遍就足以将每个细节烙印在我的记忆里直到永远。好长一段时间，阴魂和女巫纠缠着我，甚至追入我的梦境。我可以看见——亲眼看见那把匕首和麦克白夫人那雪白而娇小的手——那可怕的血迹对我而言，其真实程度并不亚于悲痛欲绝的皇后。

紧跟《麦克白》之后，我读了《李尔王》，我永远忘不了读到葛罗斯特双眼被挖那段时的恐惧。愤怒攫住了我，有一刻我的手指不听使唤、全身僵硬不能动弹，血脉贲张直冲太阳穴，孩童能感受到的所有恨在那一刻涌上心头。

想必我是在同一时期认识了夏洛克和撒旦，因为长久以来我总把这两者关联在一起。我记得自己曾为他们感到惋惜。我隐隐感到，他们纵然有心向善也无能为力，因为没人愿意施以援手，没人愿意给他们改过自新的机会。即便是现在，我也无法对他们毫无保留地一味谴责。有时候我觉得夏洛克这种、犹大这类，乃至于魔鬼本身，都是善良之轮上断裂的辐条，时机一到，总要修复。

初读莎士比亚竟给我留下这么多不愉快的记忆，有些匪夷所思。明快、柔和、富于想象的戏剧——我现在最喜爱的那些——初读之下却似乎没给我留下什么印象，或许是因为它们反映的都是孩童生活里惯常的阳光和欢快。不过"没什么比孩童的记忆更阴晴不定了：它要记就记，说忘就忘"。

我后来读了好几遍莎士比亚的戏剧，好些片段我已熟读成诵，但我却说不清自己最喜爱哪段。我对它们的喜好就像自己的情绪一样善变。在我看来，他的短歌[1]与十四行诗和他的戏剧一样清新、一样精彩。然而，尽管我钟爱莎士比亚，要让我从他的对白中读出批评家和注释者赋予的意义，却是不胜其烦。我曾经刻意去记他们的诠释，但每每灰心丧气，烦闷不已，所以我暗暗发誓，再也不尝试了。直到我跟从基特里奇教授学莎士比亚后才破了誓。我知道无论是莎学还是其他世事，我不懂之处还很多，但我乐于看到帷幔层层揭开，向我展现思想和美好的新领域。

我对历史的热爱仅次于诗歌。我读遍了我所能摸到的一切历史作品，从印满枯燥的纪事和更枯燥的年表的目录册，到格林所著不偏不倚却又如诗如画的《英国人民史》[2]；从弗里曼的《欧洲史》[3]，到埃默顿的《中世纪》[4]。让我真正体会到历史价值的第一本书是威廉·斯温顿的《世界史纲要》[5]，这是我的13岁生日礼物。尽管该书现在已风光不再，我却一直视为珍宝，收藏至今。从中我了解到不同种族如何四散各地建筑伟大的城池；少数的伟大统治者——世间泰坦，如何将一切踩在脚下，一言而为百万人开幸福之门，却将更多人拒之门外；各个民族如何启艺术与文明之先河，为后世之辉煌破土；文明又是如何在经历过衰退时代的浩劫之后，在北方的贵族子弟间如凤凰涅槃一般复兴；伟人和智者又是如何通过自由、宽容和教育为世界开启了救赎之路。

1　原文如此。

2　History of the English People by J.R. Green.

3　History of Europe by Edward Augustus Freeman.

4　伊弗雷姆·埃默顿（Ephraim Emerton）写过《中世纪研究导论》（An Introduction to the Study of the Middle Ages）和《中世纪欧洲》（Medieval Europe），成书年份相近，此处所指应为其中之一。

5　Outlines of the World's History by William Swinton.

《麦克白夫人》｜约翰·海因里奇·富斯利

大学期间，通过阅读我对法国和德国文学有了一定程度的了解。德国人不论是生活还是文学，都先讲力后讲美，先求真理后谈传统。行事处处有雷厉风行之气派，开口不是为了打动旁人，只因思想在灵魂中灼烧，不吐不快。

然而，德国文学的书橱里亦有一角为我所爱；但其最值得引以为傲之处，我以为，在于承认了女性自我奉献之爱所具备的救赎之力。这种思想渗透了所有德国文学，并在歌德的《浮士德》中得到了神秘体现：

> 一切无常者，
>
> 不过是虚幻；
>
> 力不胜任者，
>
> 在此处实现；
>
> 一切无可名，
>
> 在此处完成；
>
> 永恒的女性，
>
> 领我们飞升。[1]

我所读过的所有法国作家中，最喜爱的是莫里哀和拉辛。巴尔扎克的妙处和梅里美的章节如海风扑面般动人。阿尔弗雷特·德·缪塞不知所云！我推崇维克多·雨果——我欣赏他的天赋、他的才情和他的浪漫，尽管他并不属于我最着迷的作家之

1　出自《浮士德》第二部第五幕。译文出自钱春绮上海译文出版社1989年译本。

多情的歌德

列。但是雨果、歌德和席勒，以及一切伟大民族的杰出诗人，他们都是永恒事物的阐释者，我的心灵虔诚地追随他们前往那真善美三位一体的境界。

只怕关于书籍朋友，我已写得太多，然而我只提到了最喜爱的作家，大家很可能会据此以为我的交友圈比较有限，且贵贱有别，这可就大错特错了。我喜欢许多作家，原因也各不相同——我喜欢卡莱尔的狂狷之气和他对虚伪的蔑视；喜欢华兹华斯主张的天人合一；快意于胡德的语不惊人死不休，还有赫里克的怪癖和他诗行中触摸得到的百合与玫瑰的芬芳；我欣赏惠蒂埃[1]的热情和道义感。我与他有私交，友谊的淡淡回忆，使得阅读他诗歌的乐趣倍增。我爱马克·吐温——谁会不爱呢？连众神都对他青睐有加，将种种智慧注入他的内心；又唯恐他智极生悲，在他的心中架起一道爱与信仰的彩虹。我喜欢司各特的清新、激扬和率真。我喜欢在乐观的阳光下文思泉涌的作家——乐天本是欢乐和善意的源泉——偶尔激射出一丝愤怒，却处处喷出体恤与怜悯的水花，洛威尔就是如此。

简言之，文学是我的乌托邦。在这里我与旁人权利同享，也不存在感官的障碍阻断我与书本之友的亲切交谈。他们跟我说话既不尴尬也不别扭。我自己学的和别人教的，与他们的"无疆大爱和悲天悯人"相比，简直微不足道得可笑。

---

1 约翰·格林利夫·惠蒂埃（John Greenleaf Whittier, 1807–1892），美国诗人、废奴主义者，以乡村主题的诗歌闻名。

马克·吐温

第二十二章

　　相信读者们并不会据前面几个读书章节轻下结论，认为读书是我的唯一乐趣；其实我的爱好多种多样，生活多姿多彩。

　　在我的人生自述中，我不止一次提到过对乡村生活和户外运动的热爱。当我还是个小姑娘的时候，我就已学会了划船和游泳。一到夏季，只要我在马萨诸塞州的伦瑟姆，我几乎都是住在船上的。没有什么比带来访的友人去划船更让我开心的了。当然，我无法给小船妥善导航。所以我划船时，通常有人坐在船尾负责掌舵。不过有时候，我只顾划船，不去管舵。循着水草和睡莲的气息和河岸灌木丛的味道来驾船，别有一番情趣。桨用皮带固定在托架上，通过感觉水的阻力，我就能平衡双桨。我还能据此感觉到自己是否在逆流而行。我喜欢与风和浪角力。最让人兴奋的，莫过于让忠实可靠的小船听命于你的意志和臂力，轻轻掠过流光叠碧的水面，感受那飞扬跋扈的滔滔浪花！

　　我也喜欢划独木舟，如果说我对月夜泛舟情有独钟的话，只怕你们一定会莞尔一笑。的确，我无法看到明月从松树后面爬上夜空，蹑手蹑脚地溜过天际，为我们铺就一条亮闪闪的道路；但我知道她就在那里，当我靠着枕垫躺下，把手探入水中，我好像感觉到她款款经过时衣裳泛着的微光。偶尔一条莽撞的小鱼滑过我的指间，不时一朵睡莲羞涩地托起我的手掌。从山凹或河湾的遮蔽中划出来的时候，我往往能感到豁然开朗，仿佛被一种泛着光晕的暖意拥抱，至于这暖意是来自日晒后的树木还是水面，我无从知晓。我在闹市的中心也曾有过这种奇异的感觉，天寒地冻、暴风骤雨的日子里，还有慢慢长夜中，我都有过这种体会。这就像温暖的嘴唇亲吻着我的脸颊。

航海是我的一大乐事。1901年夏，我去了加拿大的新斯科舍省（Nova Scotia），前所未有地与大海有了一次亲密接触。在伊万杰琳[1]的乡下住了几天，朗费罗的诗给这个地方编织了迷人的魔咒，之后苏立文老师和我去了哈利法克斯（Halifax），在那里我们度过了大半个夏天。码头是我们的乐处，我们的天堂。我们航行到了贝德福内湾、要塞岛、约克堡和西北安姆，多么畅快！夜间，我们在雄伟而沉寂的舰船旁度过了多少惬意而美好的时光。一切都如此有趣，如此美妙！这回忆是我心头永远的乐事。

我们还有过一番惊心动魄的经历。西北安姆举行了一次赛舟会，参赛船只来自不同战舰。我们与其他人一道坐帆船观看赛事。附近的上百艘小帆船前后摇荡，海面风平浪静。赛事结束后，我们返航回家。有人发现黑云正自海上飘起，越积越厚，向四方蔓延，直到遮天蔽日。风起云涌，怒浪劈空，我们的小船无畏地搏击风浪；它帆满索紧，仿佛稳压风头，时而在浪里打转，

1　《伊万杰琳》（Evangeline）系诗人朗费罗1847年发表的长篇史诗，背景为1763年法国殖民地阿卡迪亚割让英国后的"大遣送"。少女伊万杰琳及其未婚夫盖布瑞尔在婚礼前夕被迫背井离乡，两人未能见最后一面。之后伊万杰琳流亡北美，20年漫漫寻夫，两人数度擦肩而过。伊万杰琳最后在费城一家修道院安顿下来，在传染病期间照顾垂死之人，而她的未婚夫就在其中。两人都已年迈，无法认出彼此。奄奄一息的盖布瑞尔向她讲述往事，提起未婚妻，两人终于相认。伊万杰琳在将死的盖布瑞尔唇上深深一吻，盖波里尔眼中泛起了甜蜜的光，旋即又化作黑暗，在伊万杰琳怀中死去。

美国诗人朗费罗

时而乘着巨浪腾空跃起又被呼啸着的大浪刷下来。下了主帆后，扬起三角帆抢风航行，迎面而来的风盛怒之下把我们刮来刮去，我们与之顽抗。心跳加速，双手颤抖，不是因为恐惧，而是因为兴奋，因为我们有着维京海盗的心，我们知道船长是行家里手，久经风浪，眼明手稳。大船和炮艇从身边驶过，都纷纷向这艘独自出没风波里的小帆船致意，水手们更是冲着船长高声喝彩。终于，我们瑟瑟发抖、饥肠辘辘而又疲惫不堪地上了码头。

在新英格兰最迷人的村庄里一个最动人的角落中，我度过了去年夏天。几乎我所有的欢乐与哀愁都和马萨诸塞州的伦瑟姆有千丝万缕的联系。有好些年，腓力普王池畔张伯伦（J.E. Chamberlin）一家居住的红色农庄，就像我自己的家一样。我还记得这些亲朋好友的关照和与他们共处的欢乐时光，一直心怀感激。他家孩子们的亲昵相伴，对我意义重大。他们的一切游乐、林中散步和水中嬉戏我都参与其中。小孩子牙牙自语，我给他们讲精灵和矮人（gnome）的传奇、英雄的传说，还有蛊惑熊的故事，他们听得津津有味，这些回想起来都无比亲切。张伯伦先生引领我走进树和野花的秘境，直到我用爱的耳朵听到了橡树里汁液的流动，看见阳光在树叶间闪耀。正是：

> 根纵然锁在黑暗的泥土，
>
> 也分享着树梢的喜悦，畅想
>
> 阳光、苍穹和飞鸟，
>
> 仰赖自然的悲悯，我也能

为看不见的东西作证。[1]

在我看来，我们每个人都有能力理解人类自诞生以来的一切感受和情绪。每个个体的潜意识里都保存着对绿色大地和潺潺流水的记忆，失明与失聪不能将这种祖祖辈辈的馈赠从身上夺走。这种传承下来的能力就像第六感——将视觉、听觉和触觉融于一体的一种灵识。

我在伦瑟姆与很多树结为朋友。其中一棵伟岸的橡树，我一直引以为傲。我带所有其他朋友去看这棵树中之王。它站立在峭壁之上，俯瞰腓力普王之池，深谙树理的人都说它已经站立了八百到一千年。传说腓力普王——英勇的印第安酋长曾站在这棵树下，凝望了天地最后一眼。

我的另一位树友，温文尔雅，比那棵大橡树更平易近人——长在红色农庄门前庭院里的一棵椴树。一天下午，雷雨交加，我感到房屋那边一阵地动山摇，不消别人告知，我就料到是那棵椴树倒了。我们出去瞻仰那位历经无数暴风雨的英雄，他崛起也峥嵘，倒下也悲壮，看着它僵卧在地，我怎能不心如刀绞。

我不能不为去年夏天补记一笔。我的考试一结束，苏立文老师和我就匆匆赶到这绿色一角，伦瑟姆以三个湖闻名，我们的小屋就在其中一湖的湖畔。在这里，和煦的漫漫长日全由我主宰，有关学习、课业还有那喧嚣城市的所有想法都一概抛诸脑后。在伦瑟姆，我们感到了世事的涟漪——战争、联盟与社会冲突。我

1　此处化用詹姆斯·拉塞尔·洛威尔的长诗《大教堂》（The Cathedral by James Russell Lowell），原诗为"仰赖自然之悲悯，我得到了高高在上的你之证明"。

海伦以树为友

们听闻了在遥远的太平洋彼岸残酷而无谓的战事，了解了资产阶级和无产阶级之间的斗争。我们知道在我们的伊甸园之外，人们正在汗流满面地铸造历史，其实他们何妨给自己放个假呢？但我们往往很少去在意。这些终将过去，唯有这湖泊、树林、缀满雏菊的旷野和萋萋的芳草地永存。

有些人以为知觉只能通过眼睛和耳朵来摄取，他们惊讶于，我除了能区分有无人行道之外，竟还能察觉走在城里和漫步乡下的其他分别。他们许是忘记了，我是整个置身于外部环境中的。城市里喧嚣扑面，击打着我的面部神经，我能感受到看不见的人群无休无止的沉重步伐，纷乱的骚动烦扰着我的心灵。沉重的马车在坚硬的石路上隆隆碾过；机器的铿锵作响单调乏味，对于心无旁骛的人来说更是折磨神经，因为他们不像长年置身闹市的人，无法因纷繁万象而使注意力得到转移。

在乡下，人们看到的只有大自然的美妙作品，而不会为目睹拥堵的城里人们苦苦挣扎一求温饱而悲从中来。我去过好几次穷人生活的狭窄而肮脏的街道。体面的人心安理得地住在上好的房子里，日渐强壮而俊美，而其他人被迫住在破败、暗无天日的出租屋里，日渐丑陋、干瘪和畏缩，一念及此，我就义愤填膺。孩子们挤在污秽的陋巷，衣不蔽体、食不果腹，面对你伸出的手，却如同害怕挨打一般闪躲。这些小生灵蜷缩在我心里，留下萦绕不去的痛楚。还有那些男男女女，形如病树僵枝，扭曲得走了样。我曾经触摸过他们又硬又糙的手，生存对他们而言必定是无尽的挣扎——不过是一连串的你争我夺，想有所作为却每每挫败。他们的人生正体现着努力与机遇的深刻反差。我们说，阳光与空气是上帝对众生免费的馈赠，但果真如此？你看那阳光照不进的穷街陋巷，连空气都是污秽的。人啊，你怎么能够忘记和为难你的弟兄，还好意思求告"我们日用的饮食，今日赐给我们"[1]，而他却一无所有！唉，但愿人们能远离城市，舍弃它的浮华、它的喧嚣，还有它的财富，回归林间、田野，重拾质朴的生活！他们的子女就能像参天大树一样堂堂正正地成长，他们的思想就会像路旁的野花一样纯洁而芬芳。在城里学习了一年后，重回乡下时，我无法不作此番感慨。

再次踩在松软而有弹性的土壤上，让青青小径引我来到蕨类丛生的溪水旁，我可以把手浴在音符的瀑布下，感受涟漪层层荡开，翻过石墙又踏上绿野，绿野在纵情地翻滚、绵延、攀升，何其欢畅！

除了休闲散步之外，我喜欢骑双人协力车兜风。感受拂面的微风、铁骑的跳动，好不惬意。扬尘而去给我一种力量与轻快之感，运动让我感到脉搏起舞，心在歌唱。

无论是散步、骑车还是航行，只要有机会，我的狗都会跟着我。我曾与许多狗结为朋友——身材硕大的獒、慈眉善目的獚、丛林好手蹲伏猎犬，还有相貌平平但忠实可靠的牛头梗犬。现在万千宠爱在一身的就是其中一只牛头梗，有着悠久的纯种谱系、弯曲的尾巴和狗的王国里最滑稽的一张脸。仿佛我的狗友们能理解我的诸多不便，当我独自一人时，总在我身边跟前跟后。我喜爱他们款款的举止和传情示好的摆尾。

1　出自《马太福音书》第6章第11节。

copyright L.A. Holman 1905

海伦在浇花

下雨天里无法出门，我就像其他女孩子一样设法自娱自乐。我喜欢针线女红；喜欢兴之所至地翻书，东一行西一行；有时跟朋友下两盘西洋跳棋[1]或国际象棋。我有一副专门的棋盘来下这些棋。格子是挖好的，所以棋子可以稳稳当当地立在棋盘上。黑子是平头的，白子则是圆顶的。每个棋子中间都有孔，可以插上一个铜柄以区分"加冕"的棋子和一般棋子。国际象棋的棋子分两种尺寸，白棋略大，黑棋略小，所以在对手移子后，我只要把手轻轻在棋盘上一摸，就能把握对手的部署。通过举棋落子的振动，我可以判断该谁走棋了。

如果我独自一人，闲来无事，我便会玩纸牌接龙，我十分乐于此道。纸牌在右上角有布莱叶符号标记，我据此可以分辨牌面价值。

要是有孩子们在周围的话，跟他们一起嬉戏是最开心不过的了。年纪再小都可以是我的良伴，让我高兴的是，孩子们通常都喜欢我。他们引着我四处走，东指指西看看。固然，小一点的孩子还不懂得用手指拼读，不过我可以读他们的唇。如果不成功，他们就只好诉诸手势。有时候我因会错意而出丑，孩子们报以阵阵笑声，之后哑剧又从头开始。我常常给他们讲故事，教他们做游戏。时光就像长了翅膀，倏忽而去，只给我们留下了满足和欢愉。

博物馆和艺术品商店也是我欢愉和灵感的源泉。毫无疑问，人们会觉得不可思议，没有视觉辅助，我只凭双手竟能从冰冷的

---

1 西洋跳棋（checkers）是一种二人棋盘游戏，有波兰跳棋、英美跳棋和巴西跳棋等变种。双方轮流走棋。棋子只可向左上格或右上格斜行，跳过敌方棋子以吃子。棋子到达对方底线则"成王"，之后可以向后移动。一个无子可动或棋子全被吃掉便算输。

大理石上摸到动感、情绪和美；然而确实如此，我的确因触摸伟大的艺术品而由衷地感到愉悦。我的指尖循着或直或曲的线条游走，发现艺术家倾注其中的思想和感情。我可以从诸神和英雄的面庞上触摸到憎恨、勇气和爱意，正如我可以从活人的脸上捕捉到这些情感。从月亮女神狄安娜的体态中，我可以感到森林的高贵与自由，她驯服山狮的气度，和令人屏息的威严。卧姿的维纳斯女神优雅的曲线让我的灵魂欢欣；巴雷[1]的铜像向我展示了丛林的奥秘。

书房的墙上挂着一帧荷马（Homer）的圆形浮雕，高低适中，我一伸手就能够到。我常怀着爱慕和景仰去抚摸那俊美而悲伤的面庞。我多么熟悉他威严额头上的每一道皱纹——人生的印迹、挣扎与愁苦的证明；那无神的双眼在冰冷的石膏中仍徒劳地找寻光明，以及他心爱的希腊的那片蓝天；那轮廓优美的嘴唇，坚定、真切而温柔。这是一张诗人的脸庞，饱经忧患的男人的面容。我何其了解他的枯寂——他住在永夜——

> 噢，黑暗，黑暗，黑暗，在这正午的火焰中，
> 无可救药的黑暗，全部日食，
> 再无半点白昼的希望！[2]

梦幻中，我听到荷马在歌唱，他正步履蹒跚、脚步迟疑地摸

1　疑为让-奥古斯特·巴雷（Jean-Auguste Barre），法国雕塑家和奖章设计家。
2　出自弥尔顿的长诗《斗士参孙》（Samson Agonistes by John Milton）。

《诗人荷马像》

索着从一个营帐走到另一个营帐——他歌唱生命、爱情和战争，歌颂着一个高贵民族的辉煌成就。这是一曲雄浑、辉煌的赞歌，它为这位失明的诗人赢得了不朽的桂冠，世代的仰慕。

我不时畅想，对于雕像的美，手会不会比眼睛更敏感。我以为触觉能比视觉更敏锐地捕捉住线条的律动。无论如何，我可以从大理石的神像中感受到古希腊人的心在跳动。

我的又一种乐趣，较之其他更为稀有，那就是上剧院。比起阅读剧本，我更喜欢在戏剧上演时听人为我描述，因为这样我有身临其境之感。我有幸见过几名伟大的演员，他们的魔力能让人心醉神迷从而忘却了时空，重新经历一遍浪漫的往昔。埃伦·泰丽（Ellen Terry）[1]允许我触摸她的脸和服饰，当时她的扮相正是理想女王[2]的化身，虽悲痛莫名却不失庄重圣洁。站在她身旁的是亨利·欧文爵士，佩戴着君王的纹章，举手投足无不流露雄才大略，表情丰富的脸上每一道纹路都尽显帝王威仪。他的国王面具上有一种冷峻和令人不敢逼近的沉郁，让我难以忘怀。

我还认识约瑟夫·杰斐逊先生，自豪地将他列为我的朋友之一。但凡恰巧经过他的演出地，我都去看他。第一次看他表演是我在纽约读书的时候。当时他正出演《瑞普·凡·温克尔》[3]。这个故事之前我读过数遍，却从未感受过舞台上瑞普那慢条斯理、

---

1 埃伦·泰丽夫人（Ellen Terry, 1847–1928），英国女演员，出演过许多由亨利·欧文出品的莎士比亚戏剧，萧伯纳为她创作过一些角色。

2 作者此处描述的可能是埃伦·泰丽饰演莎士比亚《亨利八世》中凯瑟琳王后的情景，后文中亨利·欧文爵士饰演的应是亨利王的角色。

3 华盛顿·欧文作品《瑞普·凡·温克尔》（Rip Van Winkle by Washington Irving），又译《李伯大梦》，瑞普惧内，为了避免恶妻数落，常常买醉。后来遭逢奇遇，喝下仙酒，一睡20年。醒来下山，发现人间沧海桑田。故事与"黄粱一梦"有异曲同工之妙。

杰斐逊扮演"瑞普·凡·温克尔"

怪里怪气而和蔼可亲的气质所散发的魅力。杰斐逊先生那优美而悲情的再现让我兴奋得忘乎所以。我的手里有老瑞普的照片，爱不释手。落幕后，苏立文老师带我去幕后见他，我触摸了他的怪异装束、蓬头乱发和络腮胡子。杰斐逊先生允许我摸他的脸，这样一来我就可以想象出他二十年大梦一朝醒来时的样子，他还给我演了一段可怜的老瑞普蹒跚起身的模样。

我还见过他在《情敌》[1]里的演出。有一次我去波士顿拜访他，他为我表演了《情敌》中最动人的几段。我们所在的会客室被充作舞台，他和儿子坐在大桌子旁，鲍勃·阿克尔斯则在起草战书。我用手一路感觉他的一举一动，捕捉到了他跟跄和跌撞中的诙谐之处，这都是拼读所不能描述的。接着，两人起身决斗，我紧随二人迅疾的刺剑与格挡，感受着可怜的鲍勃全身颤抖，勇气顺着指尖一点一点散尽。接着这位伟大的演员把大衣往肩后一搭，努一努嘴，转眼我就置身于瀑布镇[2]，感觉施奈德那毛发蓬松的头正抵着我的膝。杰斐逊先生朗诵了《瑞普·凡·温克尔》中最脍炙人口的对白，似啼似笑。他让我尽自己最大可能去给对白配上动作。当

---

1 谢立丹的戏剧《情敌》（The Rivals by Richard Brinsley Sheridan）。主人公杰克为了追求向往浪漫爱情的莉迪亚，投其所好假扮作穷军官贝弗利。莉迪亚对其一往情深，誓要与之私奔。杰克的父亲安东尼爵士恰好为儿子安排了一门亲事，杰克一开始以另有所爱为由严辞反对，得知未婚妻正是莉迪亚之后，假装勉为其难，实则欣然同意。莉迪亚并不知情，仍一心要嫁贝弗利，断然拒绝了提亲，而其监护人却把婚事答应了下来。莉迪亚另有追求者两名——鲍勃和卢修斯爵士。鲍勃得知贝弗利在追求自己的心上人，托朋友杰克转交了战书。后来安东尼爵士携子登门，使杰克的伪装败露，莉迪亚梦碎，怒斥杰克。杰克糊里糊涂接到卢修斯爵士的战书，因伤心欲绝，不问情由直接答应。两场决斗恰好安排在同一时间，鲍勃生性怯懦，得知情敌原是好友杰克后，便乞求取消决斗。杰克和卢修斯爵士却有心一斗，两人拔剑相向。仆人通风报信，众人及时赶到，制止了这场决斗。莉迪亚对杰克坦白了爱意，两人终成眷属。传说《情敌》初次上演时，谢立丹应观众要求登台谢幕，就在这时，剧场顶层有人喊道："这出戏糟透了！"谢立丹微笑地鞠躬说："我的朋友，我完全同意你的意见。"他一边耸耸肩，一边指着剧场里刚才为演出叫好的观众，补充道："但是，我们两个人反对这么多观众，你难道认为能起什么作用吗？"

2 据考证，瑞普·凡·温克尔来自瀑布镇（Falling Waters）。

然，我对舞台动作一无所知，只能随意乱搭；但他凭着精湛的演技为台词配上了恰如其分的动作。他自言自语"人一走就被立刻遗忘了么"时的叹息、大梦方觉后寻找狗和猎枪时的失魂落魄、与德里克签合同[1]时滑稽的犹豫之态——这一切都恰恰出自生活，不过却是理想化了的生活，事事都按我们的设想来演绎。

我还记得我第一次进剧院的情景。那已是12年前的事了。小童星艾尔希·莱斯利（Elsie Leslie）当时在波士顿演出，苏立文老师带我去看她演的《王子与贫儿》[2]。这出精彩的短剧中，悲喜交织荡起的层层涟漪和小演员的出色表演，让我毕生难忘。演出结束后，我得到批准，可以到后台去见见作皇族打扮的她。怕是很难找到一个比艾尔希更可爱更动人的小姑娘了——她的金发像层云一般漂浮肩头，笑容灿烂，既无羞涩也无倦态，尽管台下观众无数。当时我才刚刚学会说话，预先把她的名字重复了一遍又一遍，直到准确无误为止。想象一下，当她听懂了我的只言片语，毫不犹疑地上前伸手跟我打招呼时，我当时有多么欢喜。

我的生命虽然有诸般限制，却也与美丽世界（the World Beautiful）中的生命有过交汇，难道不是吗？事事皆有美妙之处，黑暗和寂静也不例外，于是我懂得，无论如何都应学会知足。

的确，有时候，当我独自默坐，在人生紧闭的大门前等待时，我被一种孤立之感裹挟，如同冰雾笼罩。大门里面是光、是音乐和温馨的伴侣，但我却不得入内。冷酷的命运无声无息地拦

1　这些是约瑟夫·杰弗逊将《瑞普·凡·温克尔》内容戏剧舞台化之后添加的内容。

2　马克·吐温的《王子与贫儿》（The Prince and the Pauper by Mark Twain）。

艾尔希·莱斯利扮演"小公子"

着去路。我多想质问它专横的律条，因为我的心依然不羁；但那苦涩而徒劳的话语到了嘴边，却说不出口，它们就像没有落下的泪，又流回我的心里。无边的寂静压迫着我的灵魂。忽然希望微笑着来临，在我耳畔私语："忘却自我便是欢乐。"于是，我努力让别人眼中的光明成为我的太阳，别人耳中的音乐成为我的交响曲，别人嘴角的微笑成为我的幸福。

第二十三章

多少人为我的幸福尽过心力，我真希望能将所有人都一一列出，来丰富这个小传！其中一些人的名字已载入史册，为许多人所钟爱；而另一些人则全然不为我的读者所知。不过尽管与名气无缘，他们的努力让许多人的生活变得更美好也更充实，对这些人而言，他们的影响永不磨灭。生命中值得纪念的是那些日子：遇到像一首好诗那样打动我们的人；他们的握手满溢无声的同情；他们温柔而醇厚的本性，为我们饥渴而焦躁的心田注入一丝美妙的安闲。困惑、烦扰和忧虑曾将你我吞噬，此刻却像噩梦般过去，我们自梦中醒来，耳目一新，去欣赏上帝创造的新世界之美，去聆听此间的和声。沉重的虚无充斥着我们的日常生活，此刻蓦然绽放出无限光明的希望。简言之，良伴在侧，一切都尽如人意。或许之前不曾与他们谋面，之后的人生轨迹也很难再有交点，但他们平静、甘甜的本性就如一杯醇酒，浇注在我们不知足的心上，我们感到伤口被抚平，正如海水感到山泉注入，因而焕发活力。

常有人问我，"旁人难道不会令你生厌吗？"我不太明白他的用意。我以为，愚蠢的好事者——尤其是新闻记者的造访[1]，一

---

1 既可指登门拜访，也可以指打来电话。

概是不合时宜的。我也讨厌别人降格来同我说话。这就像走路时故意缩短步子来迁就你一样。两种虚伪同样可气。

我所遇见的一双双手，虽不能作人言，却足以传情达意。有些人握手倨傲无礼。有些人了无生趣，抓住他们冰冷的指尖，感觉就像在跟西北风¹握手。另一些人的手里仿佛攥着阳光，他们的握手温暖我心。或许只是一只孩子的手紧紧拉住我，但这于我，就像一种爱怜的目光对旁人而言一样，里面蕴藏着阳光。一次真诚的握手或是一封友好的书信，都让我由衷地感到喜悦。

我还有些素未谋面的远方朋友。数不胜数，以至于我经常无法一一回信；但我想借此机会表示，虽然没能充分答谢，但他们友善的话语，我将永远心存感激。

我一生中最大的厚赐就是能与许多当世之才结识、交谈。只有认识布鲁克斯主教²的人才能体会他的友谊给人带来了多大的欢乐。我小时候喜欢坐在他膝上，用我的一只小手抓住他的大手，而苏立文老师将他讲述的关于上帝和属灵世界的美妙话语，拼写在我的另一只手上。我满怀着孩童特有的惊奇与乐趣一直在听。我的心灵还无法企及他的高度，但他给了我一种真实的人生喜悦。每次分别，我都从他身上带走一个美妙的思想，让其伴随我的成长越发美丽，更富深意。有一次，我对宗教之繁多困惑不解，他说："海伦，有一个宗教普适众生，那就是爱的宗教。尽心、尽兴地去爱你的天父，毫无保留地去爱上帝的每一个子

---

1 原文为 "northeast storm"（东北风），乃就西半球而言。

2 菲利普·布鲁克斯主教（Phillips Brooks）。

海伦与梅西夫人（即苏立文老师）

女，谨记善良的胜算总大于邪恶，这样你就得到了通往天国的钥匙。"他的一生就是这个伟大真理的欢乐写照。在他高尚的灵魂里，爱和广博的知识，与带来真知灼见的信仰交融在一起。他从那些给人们带来解放、提升、谦卑和甘美，予人慰藉的人身上看见了上帝的存在。[1]

布鲁克斯主教从未教导我任何特殊的教义或信条；只把两个重要理念印在我的心上——上帝的父爱和人类的手足之情，他让我了解到这两条真理原是所有信条和一切崇拜的基础。上帝是爱，上帝是父，我们是他的子女；因此乌云再暗，终将散去，正义尽管暂处下风，但邪终不能胜正。

我今生已经很幸福，因此除了惦记着在上帝安排的某个美丽之处等我的好友之外，我从不作来世之想。尽管岁月流逝，他们与我却仍亲密无间，要是他们像生前那样抓住我的手，跟我说贴心话，我一点都不会感到诧异。

布鲁克斯主教去世后，我通读了《圣经》全文，也读了好些宗教哲学作品，包括斯维登堡的《天堂和地狱》[2]以及德拉蒙德[3]的《人类的攀登》，但却没有发现任何教义或体系比布鲁克斯主教"爱的信条"更能满足我的灵魂。我与亨利·德拉蒙德先生有私交，他的握手温暖而有力，使人如蒙祝福。他是我最富同情心的友伴，学识广博，待人真诚，有他相伴，不知烦闷。

---

1 化用自詹姆斯·拉塞尔·洛威尔的长诗《大教堂》（The Cathedral by James Russell Lowell）。

2 Heaven and Hell by Emanuel Swedenborg.

3 亨利·德拉蒙（Henry Drummond，1851—1897），英国牧师与作家，生前致力于基督教与进化论的融合，作品包括《人类的攀登》（Ascent of Man）。

奥利弗·温德尔·霍姆斯博士

我清晰地记得第一次见奥利弗·温德尔·霍姆斯博士（Dr. Oliver Wendell Holmes）的情形。应他的邀请，苏立文老师和我在一个周日的下午登门拜访。那是早春里的一天，当时我才刚学会开口说话不久。有人领我们直接进了他的藏书室，我们发现他正坐在一把大扶手椅上，旁边的炉火发出融融红光，噼啪直响。他说，他在追忆往昔。

"在倾听查尔斯河的低语？"我试探道。

"是的，"他回答道，"我与查尔斯河有着千丝万缕的联系。"屋里弥散着油墨和皮革的气味，我知道这里一定到处是书，便本能地伸出手去够。手指落到了一卷精美的书册上，苏立文老师告知我是丁尼生诗集，我便当即开始背诵：

拍呀，拍呀，拍呀，

海浪啊，拍碎在冷灰的岩石上！[1]

但我突然停住了，我感到泪水打在我的手上。我让我心爱的诗人落泪了，心里难过极了。他让我在他的扶手椅上坐下，取了好些有意思的事物让我玩赏，应他的要求，我朗诵了《背着房子的鹦鹉螺》，这正是我当时的最爱。此后我还见过霍姆斯博士几回，慢慢从爱其诗到兼爱其人。

在一个风和日丽的夏日，就在我跟霍姆斯博士见面后不久，苏立文老师和我拜访了惠蒂埃在梅里马克河畔的静谧宅邸。他彬

---

1 出自丁尼生的悼友诗《拍呀，拍呀，拍呀》（"Break，Break，Break"），译文引自莫雅平。

彬有礼，措词古雅，深得我心。他凸印了一本自己的诗集，我选读了其中一首——《校园时光》[1]。他很高兴我的吐字发音能如此准确，还说完全没有理解障碍。我就那首诗提了好些问题，把手放在他的唇上以读取他的回答。他说他就是诗中的那个小男孩，女孩的名字叫萨莉，还有一些别的，我记不起来了。我还朗诵了《赞美主》，朗诵到结尾几行时，他把一尊奴隶的雕像放到了我手上——奴隶蜷缩着，脚镣滑落下来，就像天使领着彼得出狱时，手铐从他手上滑落一样[2]。然后我们走进他的书房，他为苏立文老师签字赠言[3]，对她的事业表示钦佩。他对我说："她是你心灵的解救者。"之后他把我领到大门口，在我额上轻轻一吻。我们约好次年夏天再见，但是不等我履行诺言，他就离开人世了。

爱德华·埃弗雷特·黑尔博士（Dr. Edward Everett Hale）是我交往最久的朋友了。我8岁时就认识了他，对他的爱与年俱增。他睿智而柔情的关照一直是苏立文老师和我在磨难和悲伤中的鼓励，他强有力的手助我度过了好些艰难时刻；不仅向我们，他更向千千万万有障碍要克服的人施以援手。他在教条的旧囊里注入了爱的新酿，向人们展示了什么是信仰、如何去生活，怎样得自由。不仅言传而且身教，他的一生足资见证——热爱祖国、和以弟兄、不断进取。他是先知，感召着大众，也践行着神的

1　惠蒂埃的诗作《校园时光》（In School Days），讲述一段两小无猜的恋情，再回首，男孩已两鬓苍苍，女孩的墓前已经长满了草。

2　《使徒行传》第12章第9节。

3　"您让学生的心灵从束缚中解脱，怀着对您崇高事业的无限钦佩，我是您忠实的朋友。约翰·惠蒂埃"

道[1]，他是人类的朋友——愿上帝保佑他！

我前面已经记述了我与亚历山大·格雷厄姆·贝尔博士的初次会面。自那以后，我与他共度了许多美好时光，包括在华盛顿，和他在布雷顿角岛中心的美丽宅邸——小岛毗邻巴德克，这个小镇因查尔斯·杜德利·华纳（Charles Dudley Warner）的书而声名鹊起。在贝尔博士的实验室里，还有在布拉多尔湖滨的田野里，我度过了许多欢乐时光：听他给我讲他的实验，帮他放风筝以发现自然规律，好在未来驾驭飞艇。贝尔博士对许多科学领域都十分在行，更能化腐朽为神奇，使他触及的所有科目都变得妙趣横生，最深奥的理论也不例外。他能让你觉得只要再多花点时间，你也能成为发明家。他还有幽默和诗意的一面。而他最主要的热情源自对孩童的爱。最让他快乐的，莫过于将一个失聪的孩子抱在怀里。他为失聪人士所作的努力将继续造福后世儿童。我们爱他，既因他本人成就卓著，更因他唤醒了别人身上蛰伏的品质。

我在纽约的那两年里，我有过许多机会跟名流对话，这些人我可以说是久仰大名了，但却从来不曾指望一见。我与其中的大多数都是在好友劳伦斯·赫顿先生（Mr. Laurence Hutton）的家中第一次见。我有幸能登门拜访他和赫顿夫人，参观他们的藏书室，一读才华横溢的友人为他们写下的美妙情感和隽语哲思。都说赫顿先生有能力触发旁人的真知灼见与悲悯之心，果然不假。不必读他写的《我所认识的一个男孩和四条狗》[2]也可以了解他的

1　原指希腊语"logos"（逻各斯），英文《圣经》中译作"Word"，即"道"，见《约翰福音》第1章第1节"太初有道"，涉及三位一体论。

2　A Boy I Knew and Four Dogs by Laurence Hutton.

为人——他是我所认识的最慷慨最善良的男孩，一个能与你同甘共苦的忠实朋友，不论在人的生命中，还是在狗的世界里，他都找到爱的印记。

赫顿夫人是我的患难之交。许多我最美好、最珍视的东西都蒙她所赐。我读书期间，她对我关照有加，频频给我指点。当我觉得课业尤为繁难，灰心丧气时，她总来信让我欢欣鼓舞，正是她教会了我路越走越平的道理。

赫顿先生给我介绍了好些他在文学界的朋友，其中最负盛名的要数威廉·迪安·豪威尔斯[1]和马克·吐温。我也见过理查德·沃森·吉尔德先生（Richard Watson Gilder）和艾德蒙德·克拉伦斯·斯特德曼先生（Edmund Clarence Stedman）。我还认识查尔斯·杜德利·华纳先生，一个妙趣横生的说书人，也是我至亲的朋友。他极有同情心，当真是泛爱众生，爱邻如己。有一次，华纳先生带了一位友人来看我，正是"林中诗人"约翰·巴勒斯先生（John Burroughs）。两人都彬彬有礼，富有爱心，我感觉他们风度之迷人，不亚于他们散文与诗歌中洋溢的才情。这两个文人浮光掠影地在话题间游走，时而唇枪舌剑，争论不休，时而插科打诨，妙语如珠，我无法跟上他们的思路，这就像埃涅阿斯踏着英雄的大步向命运进军时，小阿斯卡尼俄斯[2]只能小步紧赶追随在后。不过他们也跟我说了好些亲切的话。吉尔德先生跟我讲了他在月色下穿越浩瀚沙漠前往

1　威廉·迪安·豪威尔斯（William Dean Howells, 1837–1920），美国作家及《大西洋月刊》主编（1871–1881）。
2　阿斯卡尼俄斯（Ascanius），埃涅阿斯之子，见《埃涅阿斯纪》。

海伦与马克·吐温

金字塔的旅途。在写给我的一封信中，他刻意加深了签名的印痕，好让我能触摸到它，这让我想起，黑尔博士为了增添一分个人色彩，写信时常在落款处用布莱叶文戳上签名。我还从马克·吐温的唇上读出过一两段他的趣事。他思考、说话和行事自有一套。握手时，我能感到他目光炯炯。哪怕他用那难以言喻的诙谐语调，冷嘲热讽满嘴俏皮话，你仍觉得他的内心上演着一场人类悲悯的伊利亚特。

我在纽约还见到了好些有意思的人物：《圣尼古拉》杂志亲爱的编辑玛丽·梅普斯·道奇夫人和《胆小鬼的故事》的知心作者里格斯夫人（凯特·道格拉斯·威金·里格斯）。她们寄来真挚的礼物：承载自己思想的作品，照亮我的心灵的书信，还有让我爱不释手的照片，我一遍又一遍地让人描述给我。但我无法将所有的朋友一一提及，况且有好些我最为珍视的种种，圣洁如呵护在天使的羽翼之下，我不愿以冷冰冰的笔墨示人。乃至于前面谈及劳伦斯·赫顿夫人时，我都有过几分迟疑。

我只想再提另外两位朋友。一位是匹兹堡的威廉·索尔夫人（William Thaw），我常常造访她在林德赫斯特的家。她总想方设法让人开心，自认识她以来，她的慷慨和睿智的忠告从未辜负老师和我的期望。

而这另一位朋友，我也深蒙重恩。他以强有力的手腕统治着产业帝国，卓越的才能为他赢得了所有人的尊敬。他善待每一个人，默默行善，不求人知。我又再一次触及了那一圈我不应提及的荣耀的名字；但我很乐意在此对他的慷慨解囊和殷切关心致以

巴勒斯和小女孩同看一朵花儿

感谢，正是这些使我的走进大学成为可能[1]。

　　就这样，我的朋友们成就了我的人生故事。他们以千千万万种方式将我的遗憾变成了我的恩典，让我在缺憾投下的阴影中欣然前行。

1　据兰登书屋1903年复原版注释，依凯勒的描述，这位低调的赞助人可能是J.P.摩根，当时最具影响力的金融家。

海伦捧着一本大书

假如给我三天光明

(美国) 海伦·凯勒

一

我们都曾读过一些荡气回肠的故事，故事里的主人公往往已经时日无多，长的可达一年，短的或许只有24小时。我们通常会兴味盎然，想了解这不久于世的人将选择如何度过他最后的几天，或几个小时。当然，我指的是那些有得选的自由人，而不是身陷囹圄活动受限的刑囚。

这些故事引人深思，让人遐想身处其中我们会怎么办。我们该用什么事情、什么经历、与谁交往来填充有限生命的最后几个小时呢？回首往昔的时候，我们有几分欢愉，又有几分遗憾？

有时候我想，把每天都当最后一天来过，这是一个多妙的活法啊。这样的态度将深刻彰显出生命的价值。我们定会每天都活得优雅从容、热情洋溢、心存感激，而这些都是生活中易失的品质，因为日复一日，岁月仿佛一成不变地在我们面前无尽展开。自然也会有这么一些人，他们信奉伊壁鸠鲁派"及时行乐"的格言，但大多数人会因迫在眉睫的死期而有所收敛。

故事里命悬一线的主人公，通常因机缘巧合躲过一死，然而他的人生观却往往因之改变。他会更加心存感激，越发珍视生命的意义以及精神层面的永恒价值。我们常常发现，一个在死亡的阴影下生活过或生活着的人，人生处处都能找到甘甜醇美。

然而，人们大多把生命看得太理所当然了。我们都知道人固有一死，但通常都把那一天看得遥遥无期。当我们还生龙活虎的时候，死亡总是无法想象的。我们几乎不去想它。岁月在无尽地伸展。于是我们终日忙于琐屑，全然不知自己如何怠慢了生命。

海伦在壁炉边

同样的怠惰恐怕也体现在我们对自身官能与知觉的运用上。只有失聪的人才会珍视听觉，只有失明的人才能体会到视力带来的诸般福祉。尤其是那些成年之后才丧失视力或听觉的人，他们更深有体会。而那些不曾遭受过视觉或听觉损伤的人，却往往难以充分利用这些天赋感官。他们草率地将目之所及、耳之所听收入脑中，不假思索也不知欣赏。就像老生常谈的，拥有的时候不知珍惜，失去了才追悔莫及；不生病就不知道爱惜身体。

我常常想，如果让每一个人都在青年时期遭受几天的失明与失聪，这未尝不是一件好事。黑暗会让他感激光明，而寂静会教给他声音的愉悦。

我偶尔会试探一下我的那些视觉正常的朋友，问他们都看了些什么。最近我的一位刚从林中漫步归来的好友来看我，我问她都看到了些什么。"没什么特别的。"她回答说。若不是对此类回答司空见惯，我或许还难以置信，因为很久以前我就已确信：看得见的人往往什么都看不见。

这怎么可能呢，我不禁自问，在树林里漫步一小时却没看到任何值得注意的东西？连我这样一个盲人，仅仅通过触觉都对数以百计的事物发生了兴趣啊。我能感知一片树叶所具有的微妙的对称。我用手爱抚白桦树光滑的皮肤和松树那粗糙的外皮。春天一到，我就在枝头摸索，希冀摸到一颗新芽，那是大自然冬季长眠苏醒的第一个迹象。我抚摸花朵那令人愉悦的天鹅绒般的质地，感觉它那曼妙的卷绕；仿佛大自然向我展现了某些奇迹。偶尔，如果幸运的话，我轻搭在小树上的手还能感受到放歌的小鸟欢愉的颤动。当清凉的溪流从我指间涌过时，我是多么的舒爽。

对于我来说，那松针和柔草交织成的茂密的地毯比最奢华的波斯毛毯更受用。而四季的流转，更是一部动人心弦永不谢幕的戏剧，一幕一幕缓缓流淌过我的指尖。

有时，我的心会因渴望看到这一切而叫喊。如果仅仅通过触觉就感受到如此多的乐趣，那视觉将会把多少美呈现在我眼前啊。然而，那些看得见的人却显然是视而不见。流光溢彩的景象遍布世界，却被视作理所当然。这或许就是人性吧，对已拥有的东西不知珍惜，总渴求着那不曾得到的。可悲之处在于，在这个光明的世界里，视觉仅为人们提供了便利，却没能丰富他们的人生。

假如我是一所大学的校长，我一定要开设一门必修课——"如何使用你的双眼"。授课老师要教会学生切实观察那些不经意间打眼前流走的事物，从而为生命平添乐趣。他要设法把他们的感官从沉睡和怠惰中唤醒。

或许，我可以通过一个设想来更好地阐释：假如给我光明，哪怕只有三天，我最想看什么？当我在想象的时候，你也不妨设身处地地想想，假如你只剩三天光明，你会如何使用你的双眼？假如第三天晚上的黑夜降临后，太阳将永远不再为你升起，你将如何度过黑暗来临前这弥足珍贵的三天呢？你的凝望最想落在哪里？

我最想看到的，自然是那些因常年黑暗而对我显得珍贵的一切；而你，也一定想让你的目光驻留在你最珍视的事物上，这样你就能怀着对它们的美好回忆，步入那即将来临的慢慢长夜。

假如奇迹降临，我能获得三天的光明，而随之而来的又将是无尽黑暗，我会把这段时间分成三个部分来使用。

二

在第一天里我要看看人，正是那些人的善良、温柔与陪伴，使我的人生值得一过。首先，我要长久地凝望我亲爱的老师安妮·苏立文·梅西夫人的脸庞，在我的孩提时代她就来到了我的面前，为我开启了外面的世界。我不仅要看清她的轮廓，好把它珍藏于记忆之中，我还要仔细端详这张脸，从她的脸上找到同情、温柔和耐心的鲜活证明，她就是带着这份温情完成了教育我的艰巨任务。我要透过她的双眸看到坚毅，那使她在困难面前坚定不移的性格；还有她常常向我展示出的那种对全人类的悲悯。

我不知道透过人类"心灵的窗口"——眼睛，去看一个友人的内心世界是怎样的一种感觉，我只能经由指尖来"看"一张脸的轮廓。我可以察觉出欢笑、悲伤和其他明显的情感表现。我可以通过摸脸认出我的朋友，但却不能借此感知他们的性格。固然，我可以凭借其他方式来了解他们的个性，通过他们向我表达的所思所想，通过他们向我展示的一举一动，但我却被剥夺了更深刻地了解他们的机会，而我确信，这要通过看他们，通过观察他们处在不同情境下以及应对各种见解时的反应，通过留心他们眼睛和面部那转瞬即逝的表情来获得。

我身边的那些朋友为我所熟知，因为长年累月的相处中他们向我展示了他们的方方面面；而对于泛泛之交，我仅能存有一个不完整的印象，这种印象可能来自一次握手，来自我用指尖读出的他们的唇语，又或者来自他们在我掌心轻轻叩击的字句。

视力完好的你们，可以观察一个人表情的微妙变化，肌肉的

海伦·凯勒与梅西夫人

震颤和手的挥摆，要想快速把握一个人的基本品质，相比之下就容易了不知多少，也更尽人意。但你们可曾想过用双眼来透视亲友或熟人的内心世界？难道你们中的大多数人，不是漫不经心地扫一眼外部特征就轻易地放过了一张脸么？

比如说，你们能准确地描述出五位好友的面貌么？有些人可以，但很多人不行。我曾做过一次实验，问结婚多年的丈夫们他们妻子眼睛的颜色。他们常常一脸茫然，困窘不堪，最后承认他们并不知道。无独有偶，妻子们也长年累月地抱怨丈夫注意不到自己的新衣裳、新帽子以及家居摆设的新布置。

看得见的眼睛很快就对身边的环境习焉不察，而只看见新奇事物和宏大景象。但即便是面对最令人叹为观止的景象，他们的眼睛也是懒散的。法庭记录揭示了每一天里目击证人的"目击"有多不准确。对于一个既定事件，有多少个目击证人就会有多少种"看"法。有些人会比别人看到的多一些，但没人能把视线范围内的一切尽收眼底。

呵，假如给我三天光明，我有多少东西可看啊！

第一天将是忙碌的一天，我将呼朋引伴，把我所有亲爱的朋友们都叫到跟前，长久地凝望他们的面容，把他们所有内在美的外在表征都印入脑海。我会将目光驻留在一张婴儿的脸上，看一眼那一尘不染的热切而单纯的美。

我还要探视我的小狗们充满忠诚信赖的眼睛——我的严肃而机警的苏格兰蠊狗小黑和那健硕懂事的丹麦大狗赫尔加，它们热情、温顺而又顽皮，与它们之间的友谊给了我莫大安慰。

在这忙碌的第一天里，我还要看一眼家里简单的小物件。我要看一眼我脚下地毯的温暖色调，墙壁上的挂画，还有那让一所房子变成家的所有亲切的小玩意。我会满怀敬意地注视我阅读过的凸版印刷的书籍，而更加吸引我双眼的则是那些供正常人阅读的出版物，因为在我人生的漫漫长夜里，我所读过的书和别人给我读过的书已筑成了一座巨大的辉煌的灯塔，为我照亮了人类生命与心灵的最深航道。

在拥有光明的第一天的下午，我会长久漫步于林间，让我的双眼陶醉于自然之美，我将在这有限的几个小时里，拼命吸收那向目明之人恒久展现的绚烂光辉。结束林地郊游回家的途中，我要走在农田附近的小径上，这样我或许看到田间默默耕耘的马儿（或许只有一台拖拉机！）和那些亲近泥土的人们的恬然自安。我还要为天上一抹瑰丽的落日余晖而祈祷。

当黄昏降临时，我将以能视而体验到双倍的喜悦，因为当大自然敕令降下黑暗时，人类凭借聪明才智创造的灯光延伸了视力。

拥有光明的第一天的夜晚，脑中满是白天的记忆，我将迟迟难以入眠。

三

次日，也就是我拥有光明的第二天，我会在破晓前起身，去见证黑夜化作白昼这一激动人心的奇迹。我将怀着敬畏之心，去看唤醒沉睡大地的太阳的无际光焰。

我要用这一天对这个世界的过去和现在做匆匆一瞥。我想看看人类进步的盛典，看看时代的万花筒。怎样把如此种种压缩到一天里面呢？当然，这只能通过博物馆了。我曾多次参观过纽约自然历史博物馆，用手触摸过那里的许多展品，但我多么渴望亲眼一睹那里展出的地球和地球居民的浓缩历史——原生背景下的动物与人类种族；远在人类出现以前就已诞生，直到人类以小巧轻盈的身躯和高度发达的大脑征服了动物王国之前一直横行地球的恐龙和乳齿象留下的庞大骨骸；真实再现动物、人类以及人类用以在地球安家的工具的进化过程的展览；还有关于自然历史的其他方方面面。

我不知道本文的读者中有多少人观察过这种由各类生物图像交织而成的全景图，一如这间激动人心的博物馆中所展出的那样。当然，许多人可能没有这样的机会，不过我可以肯定，许多人有机会却没有对其加以充分利用。那里确实是一个让你运用双眼的地方。你们目明之人一定能在那儿度过好些受益匪浅的日子，而我带着我想象中的三天光明，只能在仓促一瞥后，继续赶路。

我的下一站将是大都会艺术博物馆，正如自然历史博物馆展示了世界的各个物质方面，大都会艺术博物馆展示了人类精神的不同侧面。纵观人类历史，人类对艺术表现所具有的冲动几乎与对食物、住所和生殖的需求同样强烈。而现在，在大都会博物馆宽敞的展厅里，埃及、希腊和罗马的精神，一如他们各自的艺术所展示的，一同呈现在了我面前。我已通过抚摸雕像熟知了古尼罗河流域的诸神，曾触摸过雅典帕特农神庙外墙的装饰檐壁的复制品，也曾感知过冲锋陷阵的雅典斗士身体美的韵律。阿波罗、维纳斯以及展开双翅的萨摩色雷斯胜利女神是我指尖的友人。荷马那饱经风霜、虬须密布的脸庞让我感到无比亲切，因为他也深

海伦触摸雕塑

知失明的滋味。

我的手曾在罗马以及罗马后世那些栩栩如生的大理石雕像上徘徊。我曾摸索过米开朗基罗雕塑的鼓舞人心的英雄摩西的石膏铸件；我曾感受过罗丹的力量；我曾敬畏于哥特式木雕体现出的专注精神。这些可以被触摸的艺术品对我来说意义深远，即便它们本是让人看而非让人摸的，而我只能猜测那对我隐匿的美。我可以赞赏希腊花瓶的简约线条，但它的装饰图案却永不为我所知。

所以，在这一天，在我拥有光明的第二天里，我要透过艺术探究人类的灵魂。我要把以往通过触觉所了解的一切，都亲眼看一看。更美妙的是，整个非凡的绘画世界就向我开启了大门，从宁静的充满宗教献身情怀的意大利早期艺术，到富于狂热幻想色彩的现代派艺术。我要细细端详拉斐尔、达·芬奇、提香（Titian）和伦勃朗（Rembrandt）的画作。我要让我的双眼饕餮韦罗内塞（Veronese）色彩富丽的视觉盛宴，研究谜一样的埃尔·格列柯（El Greco），从柯罗（Corot）处捕捉一种新的视角来领略大自然。啊，历代艺术作品中有多么丰富的意义与美有待你们目明之人去领略啊！

对这座艺术殿堂的短暂访问，我不能看到这博大艺术世界的冰山一角，而它却是完全向你们敞开的。我只能获得一个浅表的印象。艺术家们告诉我，一个人若要真正深刻地鉴赏艺术，必须训练自己的双眼。他必须通过经验才能学会品鉴线条、构图、造型与色彩之妙。假如我的双眼可以视物，我会多么幸福地投身这项迷人的研究啊！然而我却听说，对于你们许多目明的人而言，艺术的世界一如黑夜，无人问津，也不曾照亮。

《音乐的寓言》 | 荷兰 | 伦勃朗

我将恋恋不舍地离开大都会博物馆，那里藏着开启美的钥匙——一种为世人所忽视的美。而目明之人却并不需要来此找这把钥匙，同样的钥匙或许就躺在一座小博物馆中，甚至夹在某个小图书馆架上的书里。不过，在我这想象的短暂光明中，我会选择去那里，在那里我可以找到钥匙，用最短的时间来开启最大的宝藏。

拥有光明的第二天夜晚，我会在一家剧院或电影院中度过。即使到现在，我还常常观看剧院上演的各种戏码，不过需由一位同伴把剧情写在我手上。我多么想亲眼见识一下哈姆雷特迷人的风采，看看身着伊丽莎白时代华丽服饰的夸夸其谈的福斯塔夫！我多想捕捉哈姆雷特优雅的一举手，和福斯塔夫逗趣的一投足。因为我只能看一出戏，而想要看的戏实在太多，所以我将面临难以取舍的窘境。你们目明之人可以想看就看，但是当你们聚精会神地看着一出戏、一部电影或任何场面的时候，你们有多少人意识到是视觉的奇迹让你此刻能享受色彩、美感和动作，并对此心怀感激呢？

在我的双手所能触及的范围以外，我无法欣赏律动之美。虽然我常能从地板的震动感受到音乐的节拍，略窥旋律带来的愉悦，但我只能隐约地领略巴甫洛娃（Pavlowa）的柔美身姿。我可以想象得到，那抑扬的舞姿必定是世上最赏心悦目的景象之一。通过用手指去探寻大理石雕像的线条，我对这种美已能略知一二；如果静态之美已如此可爱，那动态之美给人带来的兴奋更不知要强烈几倍。

我最珍贵的记忆之一，要数约瑟夫·杰斐逊（Joseph Jefferson）那次扮演他心爱的角色瑞普·凡·温克尔（Rip Van Winkle）做动作、说台词时，允许我触摸他的脸和手。这样一来，我仿佛瞥见了戏剧世界的一星半点，那一刻的兴奋我永生难忘。然而，唉，从不断演进的剧情中相互交织的对白与动作，你们目明之人得到了多少欢愉，而我又错失了多少！只要给我看一出戏，我就能在脑中描绘出上百部戏剧的情节，无论是我读过的还是那些以手语字母向我转述过的。

因此，在我想象中拥有光明的第二天夜晚，戏剧文学中的伟大人物将纷纷涌入我的眼帘，这又将是一个无眠之夜。

四

次日清晨，我将再次向黎明致意，急于找寻新的喜悦。因为我确信，对于一个真正用心去看的人，每一个黎明都是对美的全新揭示。

依照约定，这是我的第三天光明，也是我的最后一天光明了。我不能把时间浪费在遗憾或渴盼上，因为有太多东西要看了。我把第一天时间倾注在了我有生命和无生命的朋友身上。我在第二天看了人与自然的历史。而今天，我要把它花在当今世界一个平凡的工作日里，在忙于生计的芸芸众生之中度过。除了纽约，哪儿还能见识到各行各业的各色人等呢？所以纽约就成了我的目的地。

《福斯塔夫篓中历险》｜约翰·S·克里夫顿

　　我从位于长岛的福里斯特希尔斯[1]一处安静的市郊的家里出发。这里草色青青、花木扶疏，干净整洁的小房屋掩映其间，到处都是妇女儿童的欢声笑语，这里是忙碌于城市的人安静的栖息地。驱车驶过横跨东河的镂空的钢铁结构，我对人类心智的力量与独创有了一番新发现。河面上船只熙来攘往，引擎突突轰鸣，有呼啸而过的快艇，也有慢吞吞喘着粗气的驳船。假如我还有更多的时日可看的话，我会花更多时间来俯瞰河上的欢快景象的。

　　举目前望，在我面前拔地而起的是纽约的座座高塔。纽约就像一座从童话故事里走出来的城市。璀璨的尖顶多么让人叹为观止。宽广的石筑堤岸，钢筋的建筑，宛如诸神为自己修建的宫殿。这幅生机勃勃的画面是数百万人日常生活的一部分。然而，又有多少人会多看它一眼？只怕寥寥无几。他们的眼睛对这辉煌景象失明，因为他们对此已经习以为常。

　　我迅速爬上这里的庞然大物之一——帝国大厦的顶层，因为不久之前我还在这里通过我助手的眼睛"俯瞰"过脚下的城市。我急切地想把我的想象与现实做一番对比。我确信在我眼前展开的纽约全景是不会让我失望的，因为对我来说这是另一个世界的景象。

　　现在我要开始游历这座城市了。首先，我会站在一个繁忙的街角，只是盯着人看，试图通过观察来对他们的生活加以了解。看到有人面带笑容，我会由衷喜悦；看到有人踌躇满志，我会深感自豪；看到有人遭受苦难，我会满心同情。

1　Forest Hills，又译森林小丘。

海伦·凯勒与两岁的多诺·哈特

　　我漫步在第五大道上，任双瞳游离而不聚焦，这样我看到的就不再是某种特定的事物，而像是万花筒幻化出来的缤纷色彩。我相信在川流不息的人群中，女人们衣裳交织成的色彩必将是一道亮丽的风景线，让人百看不厌。不过如果我能视物的话，可能我也会像大多数妇女一样，太注重个体服饰的风格与剪裁而注意不到人群的斑斓色彩。我还确信，我也会逛街成瘾，因为观赏橱窗里琳琅满目的陈列品必定是件赏心悦目的事情。

　　从第五大道起，我要开始游览整座城市，我要去派克大街，去贫民窟，去工厂区，去孩子们嬉戏的公园，我还要造访外国侨民区，做一次不出国门的海外旅行。我会一直睁大眼睛去看其间的各种悲喜，这样我或许能深入探究，增进我对人们工作和生活的了解。我的心里充满了人与事的画面。我的眼睛不会轻易放过一件琐细小事，它试图触及和牢牢抓住目之所及的一切。一些场景是幸福的，它让人满心欢喜，而另一些画面则让人唏嘘哀叹。对于后者我不会闭上我的眼睛，因为它们也是生活的一部分。对它们闭上眼睛就等于关闭了思想与心灵。

　　我的第三天光明已近尾声。或许还有更正经的事情值得我投入最后的时光，但恐怕在这最后一夜我会再次逃往剧院，去看一出欢闹的滑稽剧，或许能尝得几分人类精神中的喜剧意味。

　　到了午夜，我暂离黑暗的时光就会结束，永夜又将向我逼近。毫无疑问，在这短暂的三天里，我不可能把所有想看的都一一看遍。只有当黑暗再次降临时，我才会猛然意识到还有多少事物未能一睹。然而此刻我的脑中充满了美好的回忆，我已无暇去叹惋什么。此后每次触摸一件事物，都会唤起我脑中对其形貌

海伦·凯勒在菲律宾向大众发表演说

的鲜活记忆。

　　我如何度过三天光明的这个提纲，或许有别于你为失明的预设所做的安排。不过我可以肯定，如果你真的命该如此，你的眼睛会向你从未见过的事物敞开，囤积记忆以应对日后的漫漫长夜。你会前所未有地善用你的双眼，你所看到的一切都将对你显得弥足珍贵。你的双眼会触及并紧紧拥抱进入你视野的一切。那时，你才真正获得了"看"，一个美丽新世界将展现在你面前。

　　失明的我可以给目明的你们一个提示，给那些想充分运用天赋视觉的人一条忠告，那就是：善用你的眼睛吧，就像你明天就要失明一样。同样的道理也适用于其他感官。聆听人的歌哭、鸟的鸣唱、管弦乐沉雄的曲调，就像你明天就要失聪一样。去触摸你想触摸的每一样事物吧，就像你明天就要丧失触觉一样。嗅一嗅花香，细品每一口佳肴吧，就像你明天就要丧失嗅觉和味觉一样。充分调动你的每一种感官，畅饮世界为你揭示的种种欢愉和美吧，大自然赋予了你感知它们的多种方式。不过，我确信在所有的感官中，视觉肯定是最令人愉悦的那种。

《生活周刊》上的海伦·凯勒像

译后记

朱力安

曾经有一段时间，我的博客状态是："恨不能自毁双目，随海伦而去。"这使家母大为惊骇，她立刻打来国际长途，劝我"切莫做傻事"。我既然说了"恨不能"，自然是没能做到，本不必过虑，不过从承接书稿到译毕交付，期间近两年的时间里，我最频发的感慨便是："眼啊眼，要你何用？"

海伦双目失明，断了人间乐趣，却也绝了尘世诱惑，终成伟业。寻思自己虽耳聪目明，却往往为五色迷目，五音乱耳，心猿意马，真是情何以堪。

我想起了展白练成绝世武功的奇遇。古龙小说《剑客行》里描述过武林秘籍《锁骨销魂天佛卷》，卷内绘着美女裸画，"唇檀拂日，媚体迎风"，修习者往往把持不住，走火入魔，而展白机缘巧合在黑暗中觅得此书，用手摸出了书上暗藏的微凸字迹，最终练成奇功。眼不见的时候，心是净的。

海伦传奇的一生成了教科书和励志读物中永不褪色的典范（顺便交代一句，依学术惯例应称凯勒，译者觉称海伦更亲切）。无人不知她是"身残志坚"的楷模，只怕却鲜有人知她是14本书的作者，罕有人知她是哈佛大学的毕业生；少有人知她的社会主义情结；亦少有人知因家人极力主张，海伦曾手术摘除双眼，换上了亮丽的假眼；更少有人知海伦曾有过一段短暂的罗曼史。1916年，与秘书彼得·范根独处的一段时光中，两人渐生情愫。这名年轻男子表白了爱意，盛赞她的美貌，不曾有人夸奖过她的容颜，海伦芳心暗许。两人申请了结婚证书，对外却一直秘而不宣，直到海伦的母亲获悉真相，棒打鸳鸯。此后尽管二人还有过几番书信往来，但一段恋情就此告吹。《纽约时报》1968年6

月2日的海伦·凯勒讣告，将其一生概括为"悲剧的凯旋"，恰如其分。

海伦常感慨出题者从不知给做题者带来多大困扰，殊不知作为作者，她也给译者带来多少苦恼。以本书的翻译而论，诸如文本定位、策略选取、知识背景、训诂考据等，就颇使译者感到棘手。

以翻译理论来指导翻译，下笔之前需先作文本定位，考虑讲求形式对等还是动态对等（奈达）；确定文本类型为表达型、信息型还是呼唤型（纽马克）——将文本定位为文学作品（表达型）还是定位为励志读物（呼唤型），翻译策略上大相径庭。若依目的论（skopos theory），译者的翻译意图可以有别于作者的创作意图，则一切又另当别论。

将原文定位为文学作品，则应原文优先，翻译单位尽可能小，字字推敲，乃至于保留一些拗口但体现作者风格的表达，以求文学性。如果将其视作励志读物，则应译文先行，以明白晓畅为主，作者的文字特色不再是重点；能否打动读者才是关键。字斟句酌还是大刀阔斧，手松手紧全看如何定位。

海伦文笔优美，用词细腻，好作长句，时时引用，句句修辞。如果仅仅将其视作励志读物，则有买椟还珠之嫌。此译本为尽可能保留其文学性，而没有作过多通俗处理。比如"Now, if words and images came to me without effort, it is a pretty sure sign that they are not the offspring of my own mind, but stray waifs that I regretfully dismiss"一句处理作"假如文字和图像毫不费力就自然浮现，显然它们并非我的思想之子，而是我遗憾地打发走的流浪儿"虽稍嫌拗口，却最大限度保留了原文意象。这种努力贯穿全书的翻译，但遇到感人段落时，译者亦有着意渲染。

读海伦的文字有时会忘记她身有缺憾，或许是她自己也忘了自己既盲且聋——在文中，她时有"听见"欢快的马蹄，琮琤的流水和啁啾的鸟鸣。比如"小马驹的轻快的嘀声四处回荡（echo）"，这"回荡"自然不是以声音形式传入海伦耳中的，大抵是以振动形式通过大地传导的，是否应该做合理化处理？这就涉及策略选取了。我从吾师。

叶子南教授提出将"前景化"理论（foregrounding）应用到翻译中来，指点我：有时迁就作者并保留"有意义的不合理"才能体现出作品的文学性。

海伦六个月大时便牙牙作语，病后视觉听觉俱丧，连带着也就失语了。以前能准确发出的"water"，后来走音变成了不可识辨的"wah-wah"。这段本事不难理解，但译入中文却要面临一个抉择：是异化处理为"我仍记得'water'（水）这个词……但却只能发出'wah-wah'的声音"，还是归化处理为"我仍记得'水'这个词……但却只能发出'刷——刷'的声音"呢？译者为此就教于王东风教授。

王教授表示，第二种译法虽然是据译入语文化做合理处理（rationalized），但"shuā-shuā"的发音难度显然高于"wah-wah"，后者是一个无需后天习得、打从娘胎里出来就会吼的声音，因此用前者来反映一个有语障的孩童的发音缺陷显然不妥。他还据法国著名翻译学者贝尔曼的理论指出，合理化（rationalization）正是翻译过程中存在的十二种变形情况之一。

王教授还从音译角度提出了多种翻译可能，比如，其一："我仍记得'哇特'（water）这个词……但现在却只能发出'哇哇'的声音"；其二："我仍记得'水'这个单词是发'哇特'这个音……但现在却只能发出'哇哇'的声音"，另外对于"哇特"的注释除上述方式之外，还可以考虑采用脚注等。

王教授告我以不必过于迁就读者，他举出韦努蒂（Lawrence Venuti）的理论——翻译是一种精英文化，译者和读者都是社会的精英——以佐证，还援引了莫里斯·布朗肖（Maurice Blanchot）的观点："翻译玩的就是差异：翻译处处影射差异，时时掩饰差异，同时又偶尔揭示差异，甚至常常凸显差异，以致竟成了差异的化身。"[1]

海伦善于营造出画面与声音交织的场景，译笔难以再现。比如，在描写猎户出征的画面时，海伦写到"Away went the steeds with bridles ringing and whips cracking and hounds racing ahead, and away went the champion hunters 'with hark and whoop and wild halloo!'"这短短一句里，视觉形象有骏马奔，猎犬追；声音形象有马铃声（马辔头包括缰绳、笼头、马嚼和串铃，能响的基本只有串铃），马鞭响，还有呼喝驱遣犬马的"hark"、"whoop"和"hallow"等拟声，而原文引号内部分更是出自英国诗人司各特《湖上夫人》（Lady of the Lake）第一章"追猎"。这样一个句子看似风平浪静，其实

---

1 "Translation is the sheer play of difference: it constantly makes allusion to difference, dissimulates difference, but occasionally revealing and often accentuating it, translation becomes the very life of this difference." （Maurice Blanchot, quoted in Venuti）

海伦与爱犬

暗藏杀机。如果一点一点白描出来，则过于直白也嫌累赘，因此译文处理为"猎手扬鞭去，驱犬奔向前，马铃叮当响，呼喝震山川"，采用五言短句，呼应《湖上夫人》的诗体，以"呼喝"一词概括呼喝差遣犬马的各种声响，而"震山川"虽为译者发挥，却也应景，并不为过。

翻译海伦的作品，我惊讶于她对动植物名称掌握之精确，光是植物她就提到过麝香葡萄、斯卡珀农葡萄、秋麒麟草、蝴蝶百合、铁线莲、茯苓花、鹅掌楸、苜蓿草、沼泽花、金合欢等等。孔子说读《诗经》可以多识于鸟兽草木之名，下笔翻译我才发现小时候《诗经》读得不够。

讲述"霜雪仙子"事件始末的时候，海伦表示，因为手是她获取信息的来源——包括布莱叶文阅读和别人用手语字母拼读给她，她常常分不清哪些是读来的、哪些是"听"来的，甚至分不清哪些是她自己的，因此有了一番"思想之子"的探讨。这一点在她的作品中得到充分体现，文中常常出现引用却不见出处的字句。查实出处，究明含义，着实费了一番工夫。很多时候，还遇到"死无对证"的情况。比如海伦写约瑟夫·杰弗逊为她演绎"人一走就被立刻遗忘了么"、梦醒后找枪和与德里克签合同的情节，然而翻遍《瑞普·凡·温克尔》全文，都不见有此内容，查阅关于约瑟夫·杰弗逊的资料后才发现，这是他将原著戏剧舞台化之后添加的内容，具体就无从考证了。

另外说到不辨真伪，海伦的栈桥惊魂记确实印证了"过往种种亦真亦幻"这一说法。一次黄昏，走在仅供火车通过的栈桥上（桥板间距宽，板面窄，如同走在刀刃之上），海伦、苏立文和米尔德莱德三人惊觉火车从后方追及。"一分钟后，要不是我们及时爬下，攀住桥身的交叉支架的话，火车就是从身上碾过，而非从头顶驶过了。我感觉到引擎的炽热喷息扑到脸上，浓烟和煤灰让我们几乎窒息。"

这种好莱坞动作片式的画面，更像是"出自生活而高于生活"的艺术处理，其真实性自是深究不得的。奥斯卡·王尔德曾借剧中人之口说过"凭空杜撰乃是天才之举……现代小说家不敢杜撰一事一物，盖因才气不足，这都是公开的秘密了。而另一方面呢，弥缝圆谎却分明是怯懦的举动。虽说现在各家报纸竞相包庇作假，天天有之，但这绝非君子所为。"[1]用另一种语言为作者"弥缝圆谎"在译者来说只怕是义不容辞，因此依王尔德见解，译者作为作者的帮凶是与天才或君子都无缘了。

不过也有例外，据考证徐志摩翻译德国作家富凯的剧作《涡堤孩》（Undine）时觉得意犹未尽，"狗尾续貂"了一段，出版后被好事者指出。没有死忠于作者，全了君子之名，"夹带私货"更是天才之举，徐志摩这段轶事一时引为译界美谈。

翻译一部《我的人生故事》，可以说是把世界名著重温了一遍，还兼译了拉尼尔、朗费罗、弥尔顿，还有歌德的诗（幸有钱氏《浮士德》译本可以借用）。海伦默认读者都基本完成通识教育，因此评点文学作品时单刀直入，背景概不交代，用典也不打

1　"To invent anything at all is an act of sheer genius…. Few of our modern novelists ever dare to invent a single thing. It is an open secret that they don't know how to do it. Upon the other hand, to corroborate a falsehood is a distinctly cowardly action. I know it is a thing that the newspapers do one for the other, every day. But it is not the act of a gentleman."（Oscar Wilde, The Original Four-Act Version of The Importance of Being Earnest, Act IV）

海伦·凯勒与波莉·汤普森

招呼，比如提到独自攀登"Hill Difficulty"，貌似只是一个普通比喻，其实大有出处。艰难山（Hill Difficulty）出自班扬的《天路历程》（The Pilgrim's Progress）。谈到古希腊罗马文学时，海伦写到"How easy it is to fly on paper wings"，如果不假思索直接译出，却也不错，但是"paper wings"（纸做的翅膀）其实另有所指。希腊神话中的伊卡洛斯（Icarus）用蜡和纸（一说羽毛）做成翅膀，飞离克里特岛。飞行中，他忘记了父亲代达罗斯"切莫飞得太高"的忠告，结果双翼上的蜡被太阳融化，坠海殒命。至于此处的"纸"有没有兼指海伦钟情的书册，就不得而知了。全书无疑处处在考验译者的知识背景和心细程度。译者只感书到用时方恨少，为译一本书却要泛览数十本书，好跟上作者的思路。部分书名直接用法语或德语，更有许多细节考验译者对其他语种的了解。比如谈论她的德语老师时，海伦用"Frau Gröte"，有译本将"Frau"误作她的名字，其实这是德语中的"夫人"一词；有意思的是谈到她的法语老师时，她倒没有用"Madame"。

我还曾就正于哈佛大学，有过一番书信往来。在谈到报考拉德克利夫学院的选考科目时，海伦写到"The subjects I offered were Elementary and Advanced German, French, Latin, English, and Greek and Roman history, making nine hours in all"，此处有歧义，可以理解为"初级德语和高级德语、法语、拉丁语和英语以及希腊罗马史"，6门科目9个小时；亦可理解为"初级和高级"修饰所有四门语言科目，即刚好9门科目9个小时。到底孰是孰非？与其将疑惑留给读者，不如求教于学

《死去的伊卡洛斯》┃保罗·安布罗斯·斯罗兹

者。于是我写信给哈佛大学拉德克利夫学院，去信一周后得到了该图书馆馆员萨拉·哈琴（Sarah Hutcheon）的细致回复。经考证，海伦初试时选考了6门，初级拉丁语、高级德语及英语各2小时，初级法语、初级德语和希腊罗马史各1小时，共9小时。附件还发来当年校刊的扫描件和1897年的入学考试安排和考试须知，译者深为其治学态度感动。

翻译此书的两年时间，恰是我在蒙特雷国际研究院读研的两年，有过"妙手偶得之"的喜悦，有过"捻断数茎须"的纠结，有过"柳暗花明又一村"的快慰，还有过"红袖添香伴读书"的温馨。"新诗改罢自长吟"，新译改罢亦是如此。

期间多次向莫雅平老师请益，莫老师都陪我秉烛夜谈至天明；家父出马作序，以助声威；家母特绘海伦肖像一幅，从旁给力——话说海伦手里的书怎么会是朱力安译呢？韦劳拉（Laura Welch）女士陪我推敲原文，答疑解惑，我更因她而结下佛缘一段；在此都一并感谢。

2012年1月1日

于美国加州蒙特雷

附
文

生命的最高实现

乍一看，这是一个奋斗与成功的故事：因为一场高烧，19个月大的海伦·凯勒从此失去了视力与听力，生活在一个没有色彩与响声的世界里。然而她却学习和掌握了植物学、动物学、自然地理、数学、法语、德语、拉丁语、希腊语等，24岁时从哈佛大学拉德克利夫学院毕业，拍过电影，写过好几本书，最终成为一名教育家、演说家和社会活动家。1968年去世，与我们当中许多人分享过头顶上同一颗太阳。

但绕到成功的背后，却会发现，这并不是一个酸楚的故事，而是一个喜悦与幸福的历程。当她陷入黑暗的世界，与外界彻底无关时，她挣扎、易怒、暴躁；这之后出现在她眼前的每一缕光线，每一个微小的响动，她心灵道路的每一点进展，都给她带来巨大惊喜。新的世界展现在她面前，就像初生的世界本身一样新鲜美丽。

远道而来的老师苏立文与她一道探索。她分不清"水杯"和"水"之间的区别。老师带她到户外的井旁，把她的手放在出水口的下方，让清冽流淌的水经过，然后老师在她的另一只手上写出"水"（water）这个词。她终于感受到在自己用手触摸的世界之外，还有另外一个世界——人类自身的语言世界。万物皆有名字，这让她感到新奇极了，富有生命的词语开始唤醒她的灵魂。

　　抽象概念是这样建立起来的：老师让她串珠子，按大的两粒，小的三粒的顺序，她总是弄错。在老师的提醒下，她开始反复去想，努力思考怎样摆才对。老师苏立文及时在她的脑门上写下了"想"（think）这个词。她接下来除了将珠子弄对，还要去想这个词所代表的自身活动，它所指向的人自己的空间。

　　这本小书写在海伦还在上大学期间，记载了她最初发现世界和发现自己的过程。她对于事物的感受能力，仿佛一束光线，将事物本身重新照亮。她与事物相遇时，她/它们同时发出惊喜的叫声。难道不可以说，此时此刻，这片大海是为了海伦不存在的听力而喊叫："当波浪重重砸向海岸的时候，我感到卵石在咯咯作响，仿佛整个海滩承受着巨大的痛苦，空气也因它们的震颤而悸动。海浪暂时退去，只为了蓄势再来一波更猛烈的冲击。"

　　而我们这些人哪，仿佛记不起来这样一份馈赠——世界及生命本身的馈赠。我们以为世界原先就是这个样子，她应该就是这个样子，甚至抱怨她为什么是这个样子。我们不再去发现，去叩问。尤其是叩问我们自身——在我们自身内部，有着怎样的空间和潜能？在来到这个世界上之前之后，我们被赋予了哪些密码，需要我们终身努力而将它们翻译出来，得以面世？

　　当我们倾听海伦对于世界发出的热切呼唤，我们也会听到来自自己生命内部的热切呼唤。尽一切可能将生命从内部打开，释放生命的全部能量，展现其丰富瑰丽的光谱，这是来自海伦的气流，海伦式的命令。这命令信号很弱，然而你一旦听见，你就应该坐不住了。我们每个人甚至有这样的义务，去完成自己。这才是生命的成功。

而一个理想的环境，就是努力去帮助人们实现自己的意愿，帮助人们做自己想做的事情，让这个人实现他自己的内在价值。社会是如此，其他人也是如此。海伦有幸遇到了苏立文老师，这位女性把将海伦带出黑暗视为自己一辈子的事业，而她本人也在这个过程中享受了莫大的喜悦。

多么值得记取所有这些人们：后来教海伦唇语的富勒老师；允许海伦触摸万国博览会展品的希金博特姆主席；同意海伦进入剑桥女子学校的人们（这是一所正常人的学校），这个学校里德语老师格罗特夫人（Frau Gröt）和校长吉尔曼先生，还专门学了手语字母表来为她上课。在拉德克利夫学院入学考试时，考官们允许海伦单独拥有一间屋子，因为她必须使用打字机才能答卷，而打字机发出的噪音会对其他考生产生影响。还有她在这所学院读书时，那些为她单独准备凸印版书的人们，为她学习几何提供设备的人们。这都是一些了不起的人们，支持他们义举的机构也都是一些了不起的机构。

海伦最终以她不可思议的光辉，将所有这些人们带给她的温暖，又返给这个世界和其他人们，增添了这个世界的温度。她始终不懈地为盲人争取权益，将更多的盲人带到人们面前，也让这个世界更多人们互相之间得以照面。

一位80后的年轻人朱力安重新译出了这本小书，他将这份礼物再次带到了中国读者面前，让中文世界的人们感受海伦·凯勒留给这个世界的馈赠。同时也让人们去想——我们当中的每个人，将会留一份什么东西，给这个世界呢？

崔卫平

2012年4月4日